적게 일하고
크게 어필하고
싶을 때
읽는 책

크게 어필하고 싶을 때 읽는 책

다 잘하고도
한소리 듣는
직장인을 위한
커리어 매뉴얼

김희양 지음

팜파스

언제나 제 선택을 믿고 지켜봐 주신 부모님과
일과 삶에서 몇 배 더 큰 행복을 누리는 법을
알려준 남편 팀 윌리엄스에게
이 책을 바칩니다.

3년차 직장 고민,
30년째 인생 고민

주 52시간 근무제로 떠들썩한 요즘이다. 죽도록 일해서 어필하던 시대와 정식으로 작별을 고하라는 정부의 지침이 떨어진 것이다. 노동법이 바뀌었다고 저녁 있는 삶이 자동으로 따라오지는 않는다. 워라밸Work and Life Balance만 봐도 알 수 있다. 주 5일제를 시행하며 워라밸이 가능할 것으로 기대했지만, 십수 년이 지난 지금도 워라밸은 여전히 직장인에게 도전적인 과제로 남아 있다. 줄어든 업무 시간으로 이제는 더 적게 일하고 크게 어필할 수 있어야 한다.

"일이 힘들어요", "직장생활이 힘들어요"라는 직장인의 하소연은 곧 "사람이 힘들어요"라는 뜻이다. 그 이야기를 들어보면 어김없이 일과 직장생활을 힘들게 하는 사람이 등장한다. "출근만 하면 자존감이 바닥으로 떨어져요"라는 말에도 자존감에 상처를 입히는 사람이 등장한다. "회사에 출근할 생각을 하니 짜증이 나요"라는 말에도 회사에서 별것 아닌 일로 짜증이 나게 만드는 사람이 등장한다. 그런데 "일은 힘들어도 직장생활이 너무 즐거워요"라는 말에도 자기를 인정해주고 아껴주고 마음이 잘 맞는 사람이 등장한다. 일이 되게 하는 것, 일을 꼬이게 하는 것 모두 사람에게 달려 있다. 사람에 대한 제대로 된 이해가 없다면 아무리 일을 잘해도 직장생활은 생각처럼 풀리지 않는다.

회사의 대표나 나름 한자리한다는 리더들의 모임에서 누군가 조용히 이런 멘트를 날리면 사람들은 눈을 반짝이며 입과 귀를 쫑긋한다. 사실상 진짜 본론은 이때부터다.

"아니, 뭐 먹을 것이 생기면 직원들 지들끼리만 먹더라고요. 어쩜 먹어보란 소리도 안 하는지. 나도 입 있는데."
"점심 먹으러 가서 냅킨 깔아서 수저를 놔줘도 고맙다는 말도 없고, 가만히 멀뚱멀뚱 앉아서 받기만 해요. 물 따를 줄도 모르고."
"밥을 사줘도 고맙다는 말 한마디를 안 해요."
"잘못을 했는데 미안하다는 말도 없이 어물쩍 넘어가더라고요. 언제 하나 두고 봐야지."

"실수해서 한소리 좀 했더니 직원이 삐쳐서 눈도 안 마주쳐요."

겉으로는 근엄하고 대범하고 너그럽고 고상해 보이는 윗사람들이 '겨우' 이런 대화를 나눈다면 믿기 어려울 것이다. 하지만 명백한 사실이다. 나는 상대적으로 젊은 나이에 글로벌 기업의 대표가 되면서 국내 및 글로벌 기업의 대표를 비롯한 임원들의 세계를 가까이에서 지켜봤다. 직원들과는 언니나 누나의 입장에서 나름 가깝게 소통했다. 그 가운데서 내가 알게 된 사실이 있다. 상사는 직원이 당연히 알아야 할 기본을 모른다며 못마땅해하고, 직원은 그 기본이란 것을 어디서도 제대로 배워본 적 없어 몰라서 못 한다는 것이다. 설령 알고 있어도 그것이 커리어와는 직접적인 관계가 없다고 여겨 그냥 무시하고 넘어간다.

세상에 상사 마음에 들지 않게 일하겠다고 마음먹고 출근하는 직원은 없다. 직원에게 까칠하게 이것저것 태클을 걸겠다고 작정하고 출근하는 상사도 없다. 우리는 누구나 직장에서 일을 잘한다고 인정받고, 사람들과 잘 지내기를 원한다. 그러나 말처럼 쉽지 않다. 아주 사소하고 별것 아닌 말과 행동으로 느끼는 서운함과 언짢음이 그 발단이다. 그런 일이 누적되면 인간관계가 힘들어지고, 인간관계가 힘들어지니 같이 일하기도 힘들어지는 악순

환이 반복된다.

적게 일하고 크게 어필하려면 생산적인 스트레스만 남기고, 불필요한 스트레스는 최소화해야 한다. 이런 불필요한 감정 소모만 줄여도 직장 스트레스는 확실히 덜하다. 적게 일하고 크게 어필한다는 것은 꼼수를 부리는 것이 아니다. 일했으면 최소한 자기가 일한 만큼은 제대로 인정받자는 것이다. 일은 일대로 하면서 미운털이 박혀 자신의 진가를 인정받지 못하거나, 기회를 얻지 못하는 경우는 비일비재하다. 스펙만 좋다고, 열심히만 한다고, 성과만 잘 낸다고, 사람이 착하다고 다가 아니다. 일과 삶의 균형처럼 사람 됨됨이와 능력의 균형도 필요하다. 일만 잘하는 사람이 아니라 일도 잘하는 사람, 그래서 같이 일하고 싶은 사람, 같이 일하면 시너지 효과를 낼 수 있는 사람이 되어야 한다.

이 책은 "어휴, 어떻게 그런 걸 일일이 다 말해줘요?"라며 상사들이 차마 말하지 못하고 마음속에만 담아두는 것들, 친한 사이에도 말해주면 기분 나빠 할까 봐 쉬쉬하고 말해주지 않는 것들을 담고 있다. 너무 사소해서 그 누구도 대놓고 중요하다고 말해주지 않았을 뿐, 이런 것이야말로 매일의 직장생활에서 중요하다. 직장생활을 하면서 혹시 이런 생각을 해본 적이 있거나, 지금 이런 고민을 하고 있다면 당신은 이 책을 잘 골랐다.

'왜 나보다 못한 사람이 직장에서 더 잘나갈까?'

'열심히 일하는데 왜 내 진가는 알아주지 않을까?'

'일은 내가 다 하는데 칭찬은 왜 다른 동료가 받을까?'

'왜 나는 승진이 잘 안되고 늘 제자리걸음일까?'

'직장에서 일만 잘하면 되지 뭐가 더 필요해?'

'딱히 잘못한 것도 없는데 왜 나를 미워할까?'

'왜 이렇게 인복이 없는 걸까? 항상 이상한 상사만 걸려.'

'나 정도면 어디 빠지지 않는 스펙인데 왜 내 커리어는 이렇게 안 풀릴까?'

나는 입사 후 5년은 스스로 커리어의 지름길을 내는 기간이라고 본다. 이 책에서 제시하는 방법을 하루에 한 가지씩 직장에서 테스트해보기 바란다. 별것 아닌 말과 행동으로 사람의 마음을 움직이는 능력이 생겨날 것이다. 남들보다 뒤처진 것 같아도 걱정하지 마라. 그 격차는 금세 따라잡을 수 있다. 진짜 커리어는 5년 이후부터 시작된다. 별 차이 없어 보였던 동료와의 커리어 격차는 5년차에 접어들면서 점점 크게 벌어진다. 자기보다 못한 동료나 한참 후배라고 그다지 신경 쓰지 않았던, 눈에 띄지 않았던 이들이 커리어 점프업을 하는 일도 일어난다.

이미 직장 경력이 5년을 넘어버렸다고 실망할 필요는 없다. 지금까지 직장생활을 힘들게 해온 이유가 무엇인지 아는 것이 중요하다. 직장 3년차에 했던 고민을 30년째 인생 고민으로 끌고 가는 사람이 얼마나 많은가. 이제라도 성공을 가로막는 미운털을 뽑아내야 한다.

이 책을 읽고 나면 자신을 힘들게 하는 사람을 탓하고 불평하기 전에 자신의 말과 행동부터 성찰하는 습관이 생길 것이다. 인간에 대한 제대로 된 이해를 통해 공감 능력이 향상될 것이다. 그동안 별것 아니라고 대충 넘겨온 것들을 되짚어보면서 업무적인 디테일도 강해질 것이다. 무엇보다 그 어떤 대단한 사람을 만나도 기죽거나 긴장하지 않을 것이다. 누구나 쪼잔하고 찌질한 구석이 있는 한 인간임을 알게 될 테니 말이다.

이 책을 통해 사소한 것들의 놀라운 힘을 알게 되기 바란다. 일만 해도 피곤한데 인간관계 문제로 스트레스 받지 말자. 비굴하게 사바사바하지 말고, 쿨하게 사바하라.

PART 2 사바하기로 성공을 가로막는 미운털을 뽑아라

인사와 먹을 것은 나눌수록 좋다

스타일과 매너가 곧 경쟁력이다

전화, 문자 메시지, 이메일, 메모

센스의 재발견

PART 3 나를 다시 보게 만들어라

직장에서 붙잡는 인재는 이유가 있다

스펙보다 힘센 히든 스펙

히든 스펙 히든 트레이닝

적게 일하고 크게 어필하고 싶을 때 읽는 책

PART 1

우리는
모두
클루지다

우리는
모두
콜루지다

쪼잔하고 찌질한
사람과 일하는 법

왜 우리는 클루지인가?

"당연히 알아서 해야 하는 거 아니야?", "그건 상식이지", "어떻게 사람이 그럴 수 있어?", "실수하면 안 돼!" 이렇게 말하고 금세 뒤돌아서 이러지는 않는가? "어머, 말도 안 해주고 알아서 하라는 거야? 너무 한다", "사람이 다 그렇지", "너무 완벽하면 그게 사람이니?", "앗, 나의 실수!" 상대가 누구냐에 따라, 상황에 따라, 기분에 따라 이렇게 말이 달라진다. 이는 나의 모습이고, 당신의 모습이며, 우리 모두의 모습이다. 한 입으로 두말하면서도 마치 절대 아니라는 듯 이렇게 우긴다. "나 한 입으로 두말하는 사람 아니야!"(거짓말을 하거나 약속을 안 지키는 사람이 아니라는 의미일 뿐이다.)

요즘 신문의 정치면에 자주 등장하는 단어가 있다. 내로남불. '내가 하면 로맨스, 남이 하면 불륜'의 줄임말로, 남에게는 엄격하고 자신에게는 관대한 사람에게 사용한다. 내로남불은 정치계뿐 아니라 직장에서도 비일비재하게 일어난다. 자기 합리화에 능한 것이 인간이건만 우리는 인간이 이성적인 존재라고 굳게 믿고 있다. 이렇게 모순 덩어리인 인간을 나는 '클루지kluge'라고 부른다. 나, 당신, 우리는 모두 클루지 같은 존재다.

내가 클루지라는 단어를 처음 접한 것은 뉴욕대 심리학과 교수 개리 마커스Gary Marcus가 쓴 책《클루지》에서였다. 클루지의 어원은 여러 가지 설이 있는데, '영리한'을 뜻하는 독일어 'klug'에서 유래했다는 것이 가장 보편적이다. 클루지는 '클루지 종이 공급기'라는 인쇄기의 부속물을 지칭하는 단어로, 1935년에 이미 사용되기도 했다. 그러나 잭슨 그랜홀름Jackson Granholm이라는 컴퓨터 분야의 한 선구자가 1962년에 그의 논문에서 클루지를 이렇게 정의내리면서 보편화되었다. "잘 어울리지 않는 부분들이 조화롭지 않게 모여 비참한 전체를 이룬 것." 이 정의를 읽는 순간 내 머릿속에 떠오르는 것이 있었다. 돈을 벌기 위해 서로 다른 사람들이 죄다 모인 곳, 마음에 안 맞는 동료나 상사와도 웃으며 일해야 하는 곳. 바로 직장이라는 조직이었다.

마커스 교수는 인간의 마음을 클루지, 그것도 가장 기상천외한 클루지라고 했다. 인간은 체계적이고 신중하게 미래의 계획을 세울 만큼 똑똑하고 이성적이면서도, 순간의 만족을 위해 그 모든 것을 내팽개칠 만큼 어리석고 감정적이기 때문이다. 또한 편견에 취약하고 기억하고 싶은 대로 기억하는 등 여러 가지 결함이 있는데도 그 사실을 인지하지 못하거나, 알면서도 그것을 당연하게 받아들이기 때문이다. 취직만 하면 소원이 없겠다면서 일이 많다는 이유로 입사한 지 몇 달 만에 퇴사하고, 회사에 뼈를 묻겠다고 큰소리쳤으면서 가장 먼저 이직하고, 인사 제대로 안 하는 신입사원을 두고 인성이 안됐다면서 정작 본인은 상사에게 안하무인 격으로 행동하는 클루지는 어느 직장에나 있다.

우리는 고장도 잦고 고치기도 힘든 애물단지 컴퓨터인데, 직장에만 오면 인공지능 슈퍼컴퓨터 왓슨Watson인 줄 착각한다. 이성적이고 논리적이며 합리적인 왓슨처럼 군다. 비이성적이고 비논리적이며 비합리적인 구석이 훨씬 많은 인간인데 말이다. 직장에서 감정적으로 행동하면 "제가 잠시 이성을 잃었습니다. 감정적으로 행동해서 죄송합니다"라고 사과하며 자신을 클루지에서 왓슨으로 되돌리려고 애쓴다. 답정녀('답은 정해져 있고 넌 대답만 하면 돼'를 뜻하는 신조어) 상사는 자기가 원하는 결과에 맞춰 말도 안 되는 논리로 억지로 상황을 끼어 맞추고서는 논리적이고 합리적으로 일을 처리했다고 착각한다.

프로페셔널한 직장인으로 인정받기 위해 왓슨이 되려고 하고, 왓슨처럼 되라고 부추긴다. 하지만 우리는 왓슨이 될 수도 없고, 될 필요도 없다. 우리가 같은 실수를 반복하고 서로를 미워하며 갈등을 키우는 사이 인공지능은 무섭게 진화하고 있다. 이제 왓슨이 아니라 클루지임을 인정해야 한다. 그래야 인간의 본성을 제대로 이해하고, 그것이 커리어에서 왜 중요한지 깨달을 수 있다. 금수저든 흙수저든, 갑이든 을이든, 남자든 여자든, 나이가 많은 적든, 직급이 높든 낮든 우리는 허점 많은 한 인간에 불과하다. 인간을 대하는 가장 좋은 방법은 인간적으로 접근하는 것뿐이다.

클루지의 뇌에서는 무슨 일이 벌어질까?

머릿속에 '칼퇴근'이라는 단어를 넣고 출근하는 직원처럼 상사는 머릿속에 '나는 상사'라는 생각을 넣고 출근하는 것 같다. 부하 직원이면서 또 누군가의 상사이기도 한 중간 관리자들은 두 가지를 다 염두에 둔다. 그래서일까? 상사라는 감투를 쓴 사람은 일개 사원보다 클루지 기질이 더 강한 듯하다. 나이가 들수록 꼰대가 되는 것도 클루지 기질과 관련이 있을지도 모르겠다.

우리가 이성적이고 합리적인 존재라면 출근할 때 자존감은 챙기고 쓸데없는 자존심은 버린 채 업무 생산성을 높이는 뇌로 세팅할 것이다. 그런데 인간적 본능에 충실한 클루지 직장인은 출근과 동시에 머릿속을 퇴근 시간과 상사 개념으로 자동 세팅한다. 직원은 빨리 퇴근하려고만 하고, 상사는 상사 대접을 받으려고만 한다. 그들의 뇌는 일 외적인 다른 것에 꽂혀 가동된다.

생각, 감정, 행동을 조절하는 뇌는 인간의 본성 앞에서 무기력할 때가 있다. 인간의 뇌에 대해 약간만 알아도 사람을 이해하는 데 도움이 된다. 인간의 뇌는 크게 파충류의 뇌, 포유류의 뇌, 영장류의 뇌 세 개의 층으로 나뉜다. 파충류의 뇌는 인간의 뇌 중 가장 먼저 생긴 원시적인 뇌로, 생존을 위해 필사적으로 싸우며 본능에 따라 움직인다. 뱀의 머리를 닮았다고 해서 '도마뱀 뇌'라고도 불린다.《린치핀》에서 세스 고딘Seth Godin은 도마뱀 뇌는 먹는 것과 안전, 다른 사람의 이목과 사회적 지위에 연연한다고 했다. 생존을 위해서는 필수적이기 때문이다.

자기 자리를 위협하고 남들 앞에서 체면을 구기는 사람에게 갑자기 불같이 화를 내고, 잠이 부족하거나 배가 고프면 신경질적으로 변하는 이유를 짐작하겠는가? 가장 원시적인 파충류의 뇌가 가동된 것이다. 이럴 때 눈치 없이 "왜 저래?" 하면서 똑같이 도마뱀 뇌를 가동시키면 직장생활은 고달파진다. 그 상대가 상사라면 사무실에서 힘센 큰 뱀(상사)과 작은 뱀(직원)의 결투가 시작되는 셈이다. 둘 중 누가 나쁘고 이상해서가 아니라, 둘 다 도마뱀 뇌를 가동 중일 뿐이다. 가장 원초적 클루지 상태라고 할 수 있다. 지혜로운 사람은 도마뱀 뇌를 가동 중인 사람을 절대로 건드리지 않는다. 사무실에 도마뱀 뇌 상태인 사람이 있으면 혼자 내버려두거나, 자리를 피하는 것이 상책이다.

포유류의 뇌는 대뇌의 변연계 부위로, 파충류의 뇌보다 좀 더 진화된 뇌이다. 느낌이나 감정을 만들어내고 감정적 행동을 조절하는 역할을 한다. 포유류 이상의 동물에게만 존재하여 '토끼 뇌'라고도 불린다. 토끼 뇌는 도마뱀 뇌의 원초적 판단에 대한 정서적 반응을 담당한다. 다시 말해 도마뱀 뇌가 어떤 사람을 친한 동료 또는 좋은 상사라고 인지하면 토끼 뇌는 반갑고 호의적인 감정을 만든다. 반면에 도마뱀 뇌가 어떤 사람을 강력한 경쟁자라고 인지하면 토끼 뇌는 두려운 감정을 만들고, 만만한 상대라고 인지하면 '어디서 감히 까불어?'라는 우쭐한 감정을 만든다. 한 사람에게서 관대함, 친절함, 까칠함, 무례함, 다중이(다중인격자를 귀엽게 지칭하는 말) 기질을 보게 되는 것은 복잡 미묘한 인간의 감정을 만들어내는 토끼 뇌가 활발히 가동된 결과다.

토끼 뇌를 가동하는 사람이 많은 직장에 가면 아무 말 없이 조용한데도 어딘지 모르게 미묘한 감정의 흐름이 느껴진다. 이런 조직에는 삼삼오오 모여 뒷담화를 즐기는 직원이 많다. 귀가 얇아 누가 어떤 사람을 좋다고 하면 우호적으로 받아들이고, 나쁘다고 하면 그 사람을 직접 겪어보지도 않았으면서 적대감을 품는다.

토끼 뇌를 가동하는 상사가 은근히 많다. 상사답게 행동하려고 본능을 통제한 결과 도마뱀 뇌 상태는 대개 통과한다. 직원들의 사소한 말이나 행동에 서운함을 느끼면 즉시 표출하기보다 꽁하니 마음에 담아두었다가 뒤끝 있게 한소리 하는 식이다. 이럴 때 직원이 똑같이 토끼 뇌를 가동하면 치졸한 감정싸움이 시작된다. 토끼 뇌를 가동 중인 사람이 있으면 좀 유치하고 치사해도 아기 토끼를 다루듯 하라. 그럼 상대의 마음이 몽글몽글해지면서 인간다운 모습을 빨리 회복하도록 도울 수 있다.

영장류의 뇌는 대뇌 피질에 있는 전두엽 부위로 사고, 판단, 통찰을 담당한다. '인간이라면 이렇게 말하고 행동해야 한다'라고 여기는 '인간 뇌' 상태를 말한다. 알다시피 클루지인 우리가 이런 인간 뇌 상태를 풀가동한다는 것은 굉장히 어려운 일이다. 직장에서 같이 일하는 사람들과 생산적이고 수준 높은 인간적 대화를 나누고 싶다면, 상사와 연봉 협상에 대해 논의하고 싶다면 상대방이 대화할 시간이 있는지 스케줄을 확인하는 것보다 더 중요한 것이 있다. 인간 뇌 상태인지부터 확인하라. 당신의 상사가 굉장히 합리적이고 이성적이라고 해서 매일 그럴 것이라고 여기지 마라. 대화할 타이밍을 잘 잡았거나, 상사가 뇌 컨디션 조절을 잘 하기 위해 애쓰고 있는 것뿐이니까.

클루지의 머릿속 매커니즘을 이해한 당신은 이제 직장에서 어떻게 처신해야 할지 감을 잡았다. 언제 입을 다물고, 언제 인간적으로 공감할 수 있는 감성적 대화를 나누고, 언제 논리적으로 설득해야 하는지 말이다. 때로는 눈치 없는 상대가 당신의 이성적 판단에 태클을 걸어 도마뱀 뇌 상태로 만들 수 있다. 도마뱀 뇌 상태일 때 누군가 자꾸 싸우자고 들이대면 나는 예의는 갖추되 건조하게 말한다. "제가 지금 화가 나려고 하거든요. 나중에 얘기하시죠. (그래도 자꾸 들이대면) 한마디만 더 하면 후회하실 거예요." 부하직원이나 동료에게 뭔가 서운해서 찌질한 본능이 꿈틀댄다면 나는 토끼 뇌가 가동됨을 알아차리고 "나 좀 삐치려고 하네~"라며 신호를 보낸다. 단, 상대가 상사이거나 고객이라면 이런 신호는 먹히지 않는다. 인간 뇌 상태로 끌어올리기 위한 마인드 컨트롤을 하는 것이 최선이다.

인성보다 중요한 인간의 본성

나는 글로벌 물류 기업에서 주로 커리어를 쌓았다. 물류를 매개로 다양한 분야의 고객들 및 협력 업체 사람들과 협업하며 일했다. 물품 파손, 분실, 통관, 배송 지연과 같은 문제를 다루며 매일 화난 고객을 상대하는 고객 서비스 사원으로 시작해서 세일즈 마케팅을 담당하는 영업을 거쳐, 사회생활을 시작한 지 9년째 되던 해에 영국계 글로벌 프리미엄 물류 기업의 첫 번째 한국 지사장으로 발탁되었다. 물론 중간중간 이직도 해보았고, 회사를 나와 1인 기업으로 컨설팅을 하며 혼자서도 일해 봤다. 갑의 입장이 되어보기도 했고, 을의 입장이 되어보기도 했다. 부하직원이기도 했고, 상사이기도 했다. 외국계 글로벌 기업의 대표라는 타이틀을 내려놓고 자청해서 갭이어gap year(학업이나 직장생활을 잠시 중단하고 자신만의 시간을 가지며 스스로를 돌아보고 미래를 재설정하는 기간)를 가지며 백수가 되어 명함 없이 살아보기도 했다.

이 입장 저 입장이 되어 다양한 나라의 사람들과 다양한 일을 하면서 나는 한 가지 중요한 사실을 깨달았다. 인간의 본성을 이해할 때 커리어의 지름길이 보인다는 것이다(이 사실을 남들보다 먼저 깨달았기에 특별함보다 평범함에 더 가까운 내가 외국계 글로벌 기업의 대표 자리에 더 빨리 오르게 된 것 같다). 내가 몸담았던 고객 서비스, 영업, 컨설팅, 기업 경영은 모두 사람을 다루는 일이었다. 업무와 직위의 이름표만 달랐을 뿐 일의 본질은 모두 사람을 다루는 데 있었다. 사람을 다룬다는 것은 결국 사람의 감정을 다루는 일이었다. 사람의 감정을 잘 다루려면 인간에 대한 이해, 즉 인간의 본성에 대한 이해가 필수적이었다.

인간의 욕구 5단계 피라미드로 유명한 미국의 심리학자 에이브러햄 매슬로 Abraham Maslow 는 《인간 욕구를 경영하라》에서 인간의 본성은 오랜 세월 동안 과소평가되어 왔다고 말했다. 매슬로에 따르면 창의성의 전제 조건과 기업의 경영 원칙도 인간의 본성, 즉 인간의 욕구 이해에 달려 있다. 직장에서 사람들이 일자리를 잃을까 봐 걱정하고, 서로를 믿지 못해 의심하며, 별것 아닌 일로 서로를 미워하는 것도 인간의 욕구 관점에서 보면 달리 보인다. 인간의 하위 단계 욕구가 제대로 채워지지 않았을 가능성이 크다. 아침밥을 못 먹어서, 잠을 설쳐서, 변비로 예민해서(실제로 직장인의 고충을 이야기하는 커뮤니티에는 변비 이야기가 빠지지 않는다), 카톡에 답장이 없어서, 신입이 더 좋은 책상 자리를 배정받아서 등 굉장히 클루지다운 생존 본능 말이다.

그럼에도 우리는 커리어를 이야기할 때 인간의 본성보다 인성을 더 많이 언급한다. 본성本性은 사람이 태어날 때부터 자연적으로 타고난 성질로 인간의 본질이나 본능을 말하고, 인성人性은 사람의 성품이나 됨됨이를 말한다. 인성의 중요성을 모르는 사람은 없다. 그러나 인간의 본성에 대한 이해는 놓치는 사람이 많다. 인성도 결국 인간의 본능이라는 본성에 기인한다는 사실을 모르는 탓이다.

인간의 본성을 제대로 이해해야 하는 이유는 세상의 모든 일이 사람으로 귀결되기 때문이다. 숫자를 다루는 회계사든, 제품을 디자인하는 디자이너든, 일반 사무직 직원이든, 코딩을 하는 프로그래머든, 동물을 치료하는 수의사든, 약을 짓는 약사든, 커피를 만드는 바리스타든, 외국어를 번역하는 번역가든, 악기를 연주하든 연주자든 그 어떤 직업에서도 사람을 빼놓고 존재할 수 없다. 표면적으로는 숫자, 예술, 서류, 컴퓨터 코딩, 동물, 약, 커피, 언어, 악기를 다루는 일이다. 하지만 이 모든 일의 본질은 사람에게 있다. 사람을 위해, 사람에 의해, 사람과 함께한다.

자아실현의 욕구
(성장, 잠재력, 자신의 존재 확인)

5단계
저 대학원에
합격했습니다.
화요일과 목요일은
좀 일찍 퇴근할게요.
사표 내야겠어요.
세계 여행 떠나려고요.

존중의 욕구
(크고 작은 성취감, 칭찬)

4단계
역시 유 대리야!
유 대리 같은 사람이 어디 있어~
팀장님 같은 리더를 만난 저는
정말 행운아입니다!

사회적 욕구
(소속감, 우정)

3단계
나도 저 프로젝트팀에 들어가고 싶다.
시켜만 주시면 열심히 하겠습니다!
우리 회사 이미지가 있지. 프로페셔널하게 차려입자.
김 과장, 골프 좀 치나? 우리 라운딩 갈 건데 같이 가지.

안전의 욕구
(육체적 안정과 감정에
대한 심리적 안정)

2단계
내가 먼저 입사했으니, 분명 저 안쪽 자리는 내 차지일 거야.
카톡 확인했으면서 왜 답장이 없지?
왜 저렇게 기분 나쁘게 쳐다보는 거야?

생리적 욕구
(배고픔, 갈증)

1단계
간식 너네만 먹냐? 나도 입 있는데.
배고파 죽겠는데 아무도 밥 먹으러 가자고 안 하네? 날마다 내가 먼저 먹자고 해야 해.

인간적인, 너무나 인간적인

"윗사람에게 바른 소리 잘하던 부장은 괘씸죄에 걸려 지방으로 전근되었다." 표준국어대사전에서 '괘씸죄'를 찾으면 나오는 예문이다. 직장에서 바른 소리를 하면 이렇게 되는 것일까? 바른 소리를 했다가 잘됐다는 사람 이야기는 별로 들어보지 못했다. 오죽하면 표준국어대사전에 이런 예문이 나오겠는가? 하지만 꼭 그런 것은 아니다. 상사에게 직언을 하면서도 승승장구하며 상사의 오른팔, 왼팔이 되는 사람들이 있다. 고장 나기 쉬운 컴퓨터 같은 인간의 클루지 본성을 잘 이해한 결과다.

사람들과의 관계에서 개별적으로 형성된 인간적 맥락에 따라 인간의 본성은 다르게 작용한다. 예를 들어 상사가 부하직원에게 똑같은 조언을 해도 상사와 직원 사이에 쌓인 인간적 맥락에 따라 꼰대 취급을 받는가 하면, 멘토 대접을 받기도 한다. 서로 간에 인간적 맥락이 충분히 깔려 있다면 아무리 따끔한 충고여도 거부감 없이 받아들인다. 무조건 좋은 말만 해주는 것이 아니라, 객관적으로 조언을 해주었다는 사실에 깊은 고마움을 느낀다. 반면에 서로 간에 인간적 맥락이 충분히 쌓여 있지 않다면 그 어떤 좋은 조언을 해줘도 곱게 들리지 않는다. '자기가 뭔데, 무슨 권한으로 참견하는 거야? 누가 조언해 달랬나?'라며 떫은 표정만 지을 뿐이다. 그만큼 사람들과의 관계에서 인간적 맥락은 중요하다.

그렇다면 맥락context이란 무엇일까? 맥락의 사전적 의미는 어떤 사물이나 대상 등이 서로 연결되어 있는 관계를 말한다. 연속극에서 지난 이야기를 잠깐 보여주고 시작하는 것도 맥락 때문이다. 글을 읽을 때 우리가 단어의 개별적 의미가 아닌 전체적인 문맥 속에서 이해하려는 것도 맥락을 알아야 그 뜻이 제대로 파악되기 때문이다. 맥락을 모르면 책을 읽고도 책이 주는 교훈이나 메시지를 이해하지 못한다. 사랑한다는 말도, 고맙다는 말도, 미안하다는 말도 맥락을 놓치면 생뚱맞게 들릴 뿐이다.

인간은 맥락 속에서 살아간다. 사회적 맥락, 정치적 맥락, 경제적 맥락, 역사적 맥락, 직업적 맥락, 학문적 맥락, 음악적 맥락, 예술적 맥락, 감정적 맥락 등 인간관계에서 맺고 있는 맥락의 종류는 다양하다. 인간은 본능적으로 맥락을 따진다. 그러나 긴장하면 맥락 없이 말하고 행동하며 실수를 저지른다. 이것이 인간의 본성이다.

인간적 맥락 속에서 인간의 본성은 어떻게 작용할까? 단체 사진을 보면 자기와 인간적 맥락이 있는 사람부터 찾고, 누가 실수를 해도 인간적 맥락이 있으면 실수를 덮어준다. 물건을 살 때도 이왕

이면 아는 사람, 즉 인간적 맥락이 있는 사람에게 사려고 한다.

인간의 본성을 이해하는 사람은 커리어를 '일' 관점의 직업적 맥락이 아닌 '사람' 관점의 인간적 맥락으로 접근한다. 인간적 맥락 속에서 인간의 본성을 움직여서 원하는 바를 더 쉽고 빠르게 얻는다. 개인뿐 아니라 기업도 마찬가지다. 성공하는 플랫폼 기업은 이용자들과 더 촘촘한 인간적 맥락을 쌓아가기 위해 엄청나게 공을 들인다. 나는 그 대표적인 예가 배달 업체 앱인 '배달의 민족'이라고 생각한다. 사람들과 적극적으로 소통하고, 소소한 것으로 사람들에게 웃음과 공감을 자아내며, 김봉진 대표라는 친근하고 소탈한 사람의 이미지를 떠올리게 한다. 클루지 같은 우리 인간은 이 기업의 마케팅 활동이 의도한 맥락에 빠져든다. 그래서 본능적으로 배달의 민족을 생각하면 좋은 기업이라는 인상을 받는다.

몇 년을 함께 일하고도 제대로 된 인간적 맥락을 쌓지 못하는 사람이 있다. 커리어에 도움을 주는 인간적 맥락은 자동으로 생기지 않는다. 인간관계의 기본인 기브 앤 테이크처럼 긍정적인 상호 작용을 위한 노력이 필요하다.

인간적 맥락을 쌓아라

인간적 맥락은 사람 사이의 사소한 말이나 행동에서 시작된다. 인간이 본능적으로 느끼는 희로애락의 감정은 cctv에 포착되듯 무의식중에 저장된다. 노력하지 않아도 본능적으로 기억하고, 필요할 때면 아주 오래된 일도 순식간에 떠올린다. 부정적인 기억일수록 그렇다. 사람은 누구나 무의식중에 저장된 모자이크 조각 같은 기억들을 본능적으로 맞춰가며 (당사자는 모르는) 인간적 맥락을 만들어간다.

인간적 맥락이라는 말이 다소 어렵게 느껴질지도 모르겠다. 하지만 인간적 맥락은 소소한 것들로 쌓인다. 잘 모르는 사람과 눈이 마주쳤을 때 살짝 미소를 짓는 것, 문 앞에서 다른 사람을 위해 문을 잡아주는 것, 달려오는 사람을 보고 닫히는 엘리베이터의 열림 버튼을 눌러주는 것, 허겁지겁 엘리베이터에 오른 사람에게 "몇 층 가세요?"라고 물으며 층수 버튼을 눌러주는 것, 먹을거리가 생기면 사람들과 나눠 먹는 것, 도움이 필요할 때 도와주고 도움을 받았으면 고맙다고 말하는 것 등도 인간적 맥락을 쌓는 방법이다. 인간적 맥락을 쌓을 기회는 주위에 널리고 널렸다. 다만 인간적 맥락을 쌓는 데 소홀할 뿐이다. 세계 최대 인맥 관리 사이

트인 링크드인Linkedin의 공동 창업자 리드 호프먼Reid Hoffman은 《연결하는 인간》에서 대인관계를 잘 '유지'하는 시대는 갔고, 적극적으로 '구축'해야 하는 시대가 왔다고 말했다. 인맥은 물론 인간적 맥락도 적극적으로 촘촘하게 쌓아야 한다.

긍정적인 인간적 맥락을 쌓아온 사람은 도무지 일이 해결될 것 같지 않은 절망의 상황에서 "세상에 안 되는 게 어디 있어요? 다 사람이 하는 일인데요", "내 도움이 필요하면 언제든 연락해"라고 말하는 은인을 만난다. 평소 행한 사소한 친절이 누적된 결과다. 한편 부정적인 인간적 맥락을 쌓아온 사람은 아무 문제없을 것같이 순탄한 상황에서도 "누구 마음대로? 그렇게는 안 되지"라고 말하는 훼방꾼을 만난다. 별것 아닌 말이나 행동에 상처받고 기분 나빴던 사람들이 부메랑이 되어 돌아온 것이다. 그런데 당사자는 왜 이런 일이 자꾸 자신에게만 생기는지 영문을 모르겠다며 자신의 인복 없음을 탓한다.

미국에서 가장 존경받는 저널리스트이자 〈포춘〉지의 편집장인 제프 콜빈Geoff Colvin은 《인간은 과소평가되었다》에서 인간의 본성과 관련된 자질이 앞으로 가치 높은 기술로서 주목을 받는다고 말했다. 이제 기업은 스펙보다 협력하고 공감할 줄 아는 사람을 원한다. 능력이 비슷하다면 인간적으로 더 끌리는 사람과 같이 일하고 싶어 한다. 거기에는 타당한 이유가 있다. 바로 생산성 수수께끼다.

가장 일하기 좋은 회사이자 혁신적인 기업인 구글은 전 세계에서 똑똑하다는 인재가 모였지만, 다른 기업과 마찬가지로 업무 생산성 문제를 안고 있었다. 기술은 발전하는데 생산성은 그만큼 늘지 않는 점이 아이러니였다. 구글은 이 생산성 문제를 풀기 위해 좋은 리더는 조직의 산소와 같다는 '산소 프로젝트Oxygen Project'와 전체는 부분의 합보다 크다는 아리스토텔레스의 명언을 빌려 '아리스토텔레스 프로젝트Aristotle Project'를 진행했다. 그리고 생산성 문제의 답을 찾아냈다. 답은 바로 인간관계에 있었다. 업무 능력과 인간미를 갖춘 리더, 타인에 대한 배려, 공감을 이끌어내는 사회적 감수성이라는 세 가지 요소가 생산성에 지대한 영향을 미치고 있었던 것이다. 산출량output을 투입량input으로 나누는 생산성 공식은 현실에서 먹히지 않았다. 일이 되고 안되고는 클루지 같은 인간의 마음에 달려 있었기 때문이다.

영국 속담에 '무엇을 아느냐보다 누구를 아느냐가 중요하다'라는 말이 있다. 이 속담은 직장생활에도 그대로 적용된다. 누구를 아느냐는 단순히 명함을 주고받거나 아는 사람이 많은 양적 인맥이 아닌, 언제든지 필요할 때 주저하지 않고 도움을 주고받을 수 있는 질적 인맥을 말한다. 커리어에서 취업 전과 취업 후는 상당히 다르다. 취업 전에는 솔직히 이력서에 적힌 스펙을 무시할 수 없다. 그러나 취업 후에는 스펙이 적힌 이력서는 파일 보관함으로 들어가 들춰볼 일도 없어진다. 그 사람의 실력과 인간 됨됨이는 실무를 통해 보여주는 일의 결과물과 같이 일하면서 사람들과의 관계에서 쌓아온 인간적 맥락으로 평가된다. 같이 일했던 직장 동료나 상사가 당신에 대해 말해주는 증언의 힘은 세다.

"일만 잘하면 뭐해요. 기본이 안 됐는데"라는 말이 나오면 그 사람의 스펙, 실력, 경력이 아무리 매력적이어도 채용하기를 꺼린다. 추가적인 평판 조사는 당연히 실력보다 인간관계에 집중된다. 일이 힘들어지는 것은 일이 어려워서라기보다 같이 일하는 사람이 쓸데없이 일을 복잡하게 만들거나, 일하기 싫다는 생각이 들게 만들기 때문이다. 그것도 아주 보잘것없고 유치하고 사소한 이유로 말이다. 그런데도 계속 스펙만 쌓을 것인가?

커리어의 한 끗
차이를 만드는 법

조직도를 공부하라

직장에서 더 크게 더 빨리 성장하기 위해 사람들은 전문 지식과 경험을 쌓고, 상사에게 인정받는 데 집중한다. 업무와 자신을 평가할 상사, 업무적으로 연결된 몇몇 사람만을 직장생활의 중요한 인간관계로 여긴다. 이직을 해도 같은 방식으로 인간관계를 형성한다. 하지만 정말 중요한 것은 조직을 구성하는 사람들의 큰 그림을 보는 눈이다. 그러려면 조직도Organization Chart를 봐야 한다. 조직도는 조직의 인간적 맥락을 보여주는 지도이기 때문이다.

많은 사람이 커리어의 성장을 꿈꾸면서 정작 조직도는 볼 생각을 잘 안 한다. 입사한 지 몇 년이 되었어도 조직도를 구경조차 한 적 없다는 직장인이 의외로 많다. 상사가 정말로 안 보여줬을 수도 있고, 회사를 소개할 때 그냥 쓱 하고 지나가서 기억에 없을 수도 있다. 조직도를 본 적이 있다는 사람들은 이렇게 말한다. "신규 입사자 교육할 때 보긴 했어요", "고객사 비딩 자료 제출할 때 슬라이드에 포함시킨 적은 있는데, 제대로 살펴본 적은 없어요."

나도 팀장이 되어 조직도를 만들어보기 전까지는 그랬다. 조직도를 보내달라며 제공받은 파워포인트 템플릿에 항상 '기밀문서 confidential'라고 적혀 있었지만 시큰둥했다. 그저 보안에 신경 써야 하는 문서 정도로만 여겼다. 그런데 직장생활을 할수록, 직급이 올라갈수록 조직도가 왜 중요한지 깨닫기 시작했다. 아는 만큼 보인다는 예술작품처럼 조직도가 그랬다.

조직도를 살펴보고 공부하다 보면 잘 만든 조직도와 대충 만든 조직도를 분별하는 안목이 생긴다. 조직도만 봐도 회사를 이끄는 리더의 수준, 회사 운영 틀(스타일)이 가늠된다. 조직 전반에 흐르는 업무적 맥락과 인간적 맥락을 조직도를 통해 유추할 수 있다. 우리가 흔히 말하는 '조직 문화에 맞는 사람'도 딱히 구체적으로 없음을 알게 된다. 조직의 인간적 맥락을 잘 읽어내고, 업무적으로 연결된 사람들과 인간적 맥락을 잘 쌓는 사람이 조직 문화에 맞는 사람이며, 그런 사람에게 성장할 기회가 더 주어짐을 깨닫는다.

조직도라고 하면 사람들은 대개 서열hierarchy을 떠올린다. 누가 내 직속 상사인지 즉, 누가 나를 자르거나 승진시켜줄 수 있는지, 어느 부서가 더 힘이 센지, 윗사람 중 누가 더 서열이 높은지, 부서 내에서 내 서열은 어디쯤인지 정도로만 해석한다. 하지만 내가 말하는 조직도 공부는 이런 식이 아니다. 조직을 바라보는 성숙한 안목을 키워 자신의 커리어와 직장생활을 지혜롭게 꾸리기 위한 공부다.

조직도를 공부하려고 했더니 회사에 조직도가 없다며 불평하는 사람이 있다. 회사가 생긴 지 얼마 안 되었거나, 오래된 회사라도 사장이나 매니저들이 조직도의 중요성을 모르면 조직도가 없을 수 있다. 조직도가 없다고 회사 운영이 안 되는 것은 아니기 때문이다. 회사에 조직도가 없다면 직접 만들면 된다. 인터넷에 조직도 예시들은 무궁무진하고, 파워포인트는 조직도를 만들 수 있는 기능을 제공한다. 굳이 파워포인트가 아니더라도 노트에 조직도를 손으로도 얼마든지 그릴 수 있다. 조직도 하나 없는 회사라고 툴툴대기보다 직접 만든 조직도를 회사에 선물하라.

사장과 직원 단둘인 작은 회사인데도 조직도가 필요하냐는 질문을 받는다. 당연하다. 조직이 심플하다고 조직도가 없어야 한다는 법은 없다. 회사를 가정이라고 생각해보자. 가계도가 대가족에게만 필요한 것일까? 조직도도 마찬가지다. 1인 기업이라도 조직도는 필요하다고 생각한다. 1인 기업에도 영업, 마케팅, 재무, 고객 서비스, 교육, 물류 등 부문별 업무가 존재하지 않는가. 다만 혼자 다 할 뿐이다. 업무량 조절, 아웃소싱, 추가 인원 채용 등 업무 효율화 및 확장 계획을 세울 때 조직도가 있으면 분명 도움이 될 것이다.

자, 조직도가 준비되었다면 이제 조직도를 공부하자. 전체 조직에서 내가 속한 부서와 내 위치를 찾는다. 부서장의 위치, 직속 상사의 위치, 동료들의 위치를 두루 살핀 후 다른 부서도 이런 식으로 훑어본다. 그리고 조직도에 있는 연결선을 유심히 본다. 위아래 보고 라인, 내 상사의 보고 라인, 내 상사의 상사의 보고 라인, 부서별 보고 라인, 보고 라인 연결선의 종류(실선인지 점선인지 아예 선이 없는지) 등. 연결선을 어떻게 해석하느냐에 따라 직장 내 인간관계에서의 보이지 않는 맥락이 달라진다.

외국계 글로벌 기업에서는 라인 매니지먼트 관계 여부를 굉장히 중요시한다. 그래서 자신의 보고 라인이 아닌 사람이 하는 말은 무시하거나, 크게 신경을 안 쓰는 경우가 있다. 하나만 알고 둘은 모르는 것이다. 연결된 선이 없는 것 같아도 실질적으로는 더 끈끈하게 연결된 관계일 수 있다. 가장 중요한 것은 눈에 보이지 않는 법이라고 한 어린 왕자의 말을 기억하자.

이외에도 조직 구성원들에게 부여된 직함과 이들이 하는 일, 조직도에서의 성별 분포, 업무적으로 연관된 일을 하는 것도 아닌데 친하게 지내는 사람들 등 꼼꼼히 조직도를 살펴보라. 보면 볼수록 많은 정보가 숨어 있음을 알게 된다. 어떤 나라에 진출해서 무슨 비즈니스를 할까 계획할 때 지도부터 보는 것처럼 회사에서도 마찬가지다. 조직도에는 회사뿐 아니라 개인의 성장 가능성·한계점·문제점, 상사와 직원 간 업무 효율 및 소통 구조, 신뢰도, 회사가 중요하게 여기는 부분 등 핵심 정보가 알게 모르게 담겨 있다. 그저 형식적인 도표 한 장쯤으로 넘겨서는 안 된다.

사내 정치는 선택, 사내 정치 이해는 필수

커리어가 쌓일수록 사내 정치가 중요하다고 일러주는 선배나 멘토, 상사가 있었다면 얼마나 좋았을까? 사내 정치에 얽히지 말라는 말만 들었지 사내 정치가 중요하다고 말해주는 사람이 내

주변에는 없었다. 남자든 여자든 리더로 성장하려면 실력뿐 아니라 사내 정치라는 역량도 필요하다는 사실을 미리 알았더라면 사내 정치를 조금은 다른 시각으로 접근했을 것이다. 무엇보다 사내 정치에 대한 편협한 선입견에 의존한 채 입사 후 3년을 마냥 흘려보내지 않았을 것이다. 최소한 사내 정치의 개념이라도 인터넷에서 검색해보거나, 관련된 책 한 권이라도 참고삼아 찾아 읽으며 사내 정치에 대해 일말의 관심이라도 가졌을지도 모른다.

명함에 '매니저/팀장'이라는 타이틀을 달면서 나는 사내 정치의 굴속에 그냥 던져졌다. 몇 안 되는 여자 중 한 명이자 서른 살의 풋내기 팀장으로서 임원 회의실의 나이 많은 남자들 틈바구니에서 사내 정치를 관찰했다. 회의실 안에서 본 사내 정치와 회의실 밖 세상에서 상상하던 사내 정치는 분명 차이가 있었다. 누구 라인 따지며 꽁무니를 따라다니고 아부하는 것이 아니라, 업무를 추진하기 위해서 필요한 것이 사내 정치임을 조금씩 알아가기 시작했다.

사람들 대부분이 그렇듯 나도 사내 정치를 피했다. 사내 정치는 해봐야 좋을 게 없다고 여겼다. 내가 다녔던 회사 모두 사내 정치가 그다지 심하지 않았는데도 사내 정치에 대한 거부감이 컸다. 끽해봐야 높은 분이 식사하러 갈 때 종종 끼어주는 정도인데,

나에게는 그마저도 사내 정치의 일환으로 여겨졌다. 모임에 한 번 따라가면 그다음에 또 가게 되고, 그러다 보면 높은 분 라인의 사람처럼 보일 수 있기에 가능한 한 그런 자리는 빠졌다. 특정한 누구 라인에 엮이지 않으려고 애썼다. TV 드라마나 주변 사람들을 통해 갖게 된 지저분한 사내 정치에 대한 부정적 편견이 많이 작용했다. 사내 정치를 실력의 공백을 아부로 메우려는 얄팍한 처세술, 성공에 눈먼 야심찬 사람들이 회사에서 하는 유치한 파워게임으로 간주했던 것이다.

외국계 글로벌 기업의 지사장이 되어 글로벌 매니지먼트 회의에 참여하면서 나는 사내 정치가 보수적인 우리나라에만 있는 것이 아님을 깨달았다. 정도의 차이가 있을 뿐 사내 정치는 전 세계 어디에나 존재했다. 사내 정치력을 잘만 활용하면 업무의 판도나 예산 투입이 달라졌다. 우리가 커리어에서 중요하게 여겨온 헌신, 열정, 실력, 태도, 논리보다 때로는 사내 정치력이 한 끗 차이를 만들었다.

사내 정치에 대해 제대로 배워본 적 없는 나는 그나마 고객 서비스와 세일즈 업무 경험이 많은 도움이 되었다. 상사나 동료들에게 인간적으로 다가가고, 필요할 때 도움을 주는 작은 친절이 자연스럽게 사내 정치력으로 이어졌다. 사내 정치에도 수준이란 것이 있다. 수준 높은 사내 정치를 하는 사람들은 단순히 상사의 기분을 맞추기 위해 알랑거리며 아첨을 떨지 않는다. 상사의 기대와 우려와 같은 속마음을 잘 읽어내며 인간적으로 접근한다.

〈하버드 비즈니스 리뷰〉에 '사내 정치에 대한 모든 것'이란 글이 실린 적이 있다. 편집장 다나 로스마니에르Dana Rousmaniere는 남녀를 떠나 사내 정치를 잘 이해하는 직원이야말로 인정받는다고 했다. 기업은 원래부터 정치적인 조직이며, 정치적인 조직에서 영향력을 행사하려면 사내 정치라는 게임의 룰을 제대로 이해하고 이용하는 것이 당연하기 때문이다. 사내 정치를 잘하기 위해 그는 정서적 지능emotional intelligence을 강화하라고 제안했는데 앞서 말한 일련의 활동, 즉 커리어에서 인간의 본성을 이해하고 인간적 맥락을 구축하는 것과 일맥상통한다. 세계에서 가장 일하기 좋은 회사로 손꼽히는 페이스북의 최고운영책임자인 세릴 샌드버그Sheryl Sandberg도 사내 정치 없는 회사는 없다고 말한 바 있다. 이제 사내 정치에 대해 잘 모른다는 것은 더 이상 자랑이 아니다. 사내 정치는 정서적 지능, 사회적 감수성, 인간적 맥락과도 연결되는 평가의 척도다.

무조건 사내 정치에 거부 반응을 보이지 말자. 기업이라는 조직과 정치의 본질적인 개념에 대한 이해가 부족하다는 인상만 심어준다. 나라를 다스리고 사람들의 이해관계를 조정하는 것이 정치의 본질이듯 사내 정치도 마찬가지다. 굳이 정치적으로 직장생활을 할 필요는 없다. 하지만 사내 정치가 필요할 때 정치적이지 않을 이유도 없지 않을까. 확실한 점은 커리어가 쌓일수록 사내 정치는 점점 중요해지고 피할 수 없다는 사실이다.

센스를 정무 감각으로 업그레이드하라

한 업체의 대표와 직원 채용에 대한 이야기를 나누고 있었다. 그 대표는 새로 채용한 남자 과장과 여자 과장이 마음에 든다며 칭찬을 아끼지 않았다. 그런데 남자 과장에게는 "정무 감각이 참 좋다"라고 칭찬하면서 여자 과장에게는 "센스가 참 좋다"라고 칭찬했다. 나는 갑자기 정무 감각이 좋은 직원과 센스가 좋은 직원의 차이가 궁금해졌다. "남자의 정무 감각과 여자의 센스가 어떻게 달라요?"라고 묻자 그 대표는 순간 당황해했다. "글쎄요. 뭐라고 해야 하나? 남자들은 보통 군대에서 조인트 까여가며 배우잖아요. 그래서 그런지 조직생활에 필요한 걸 상사가 일일이 말하지 않아도 알아서 곧잘 하거든요. 서열도 잘 알고, 의전도 잘하고,

이것저것 시켜도 군말 없고. 그런데 여자들은 좀 다른 것 같아요. 일도 잘하고, 섬세하고, 꼼꼼한데… 뭐랄까요, 정무 감각은 좀 약한 것 같아요." 속 시원한 대답은 아니었지만, 무슨 말인지는 알 것 같았다.

센스는 어떤 사물이나 현상에 대한 감각이나 판단력을 말한다. 정무 감각sense of political affairs은 정치나 국가 행정에 관계되는 사무로, 주로 정치권에서 돌아가는 정세와 국민의 뜻이 어떠한지 살피며 적절하게 사리 판단을 하는 능력을 말한다. 사리 판단을 한다는 점에서 센스와 정무 감각은 비슷하나, 정무 감각은 여러 사람과 관련된 일에 해당된다는 점에서 다르다.

직장을 배경으로 한 드라마에서도 정무 감각이 좋은 캐릭터는 꼭 나온다. 이들은 대개 과·차장급의 남자다. 센스 있고 눈치가 빠르다. 상사의 기분 상태 파악, 보고할 타이밍 판단, 보고할 내용 순서 정리, 점심 메뉴 선별, 상석에 따른 자리 배치, 퇴근 후 회식 여부(심지어 노래방을 갈 것인지 말 것인지) 등을 알아서 챙긴다. 한 걸음 더 나아가 직원들의 불만 사항이나 요청을 상사가 거부감 없이 받아들이도록 설득력 있게 전달하고, 동시에 상사의 뜻도 직원들이 잘 이해하도록 조율한다. 조직의 윤활유 역할을 한다고 할 수 있다. 센스는 개인적 차원에 머무는 경향이 있다면, 정무 감각은 공동의 이익을 대변한다.

포털 사이트에서 정무 감각을 검색하면 대부분 남자가 나온다. 페이지를 한참 넘기다 보면 여자가 나오는데, 정무 감각 부족으로 자리에서 물러난 정무 감각 워스트 공지자들이다. 여자들이 정무 감각에서 두각을 펼치지 못하는 것은 왜일까? 나는 여자들이 정무 감각이 없어서라기보다 정무 감각에 대해 진지하게 생각해보지 않았기 때문이라고 생각한다. 정무 감각은 타고나는 것이 아니라, 후천적으로 학습하며 키울 수 있는 것이다. 남녀를 떠나 정무 감각은 중요한 커리어 자산이다. 상사는 정무 감각이 뛰어난 직원을 필요로 하고, 위기 상황에서 이런 직원은 더 빛난다.

주변 사람들과 내 경험에 비추어보면 상사는 직원의 정무 감각을 의외로 사소한 말이나 행동을 통해 엿본다. 예를 들어 고객에게 컴플레인 전화를 받았다고 치자. 크게 세 가지 타입의 직원을 보게 된다. 첫째, 상황을 여과 없이 전달하는 대책 없는 직원이다. "큰일 났어요. 고객이 화내면서 윗사람을 바꾸라고 하는데 어떡하죠. 연결해드려도 될까요?"라며 자신의 불안함과 스트레스를 상사에게 전가하고, 상사의 해결책만 기다린다. 둘째, 업무를 깔끔하게 처리하는 센스 있는 직원이다. 고객의 화를 가라앉히고 컴플레인에 대한 해결책을 찾는 등 지혜롭게 문제를 잘 처리해서 상사의 스트레스를 줄여준다. 셋째, 정무 감각 있는 직원이다. 센스 있는 직원에서 한 걸음 더 나아가 고객이 화낸 원인과 이 같은 컴플레인이 이전에도 있었는지 등을 조사한다. 재발 방지를 위한 나름의 해결책을 마련한 후 상사의 의견과 조언을 구해서 실행에 옮긴다.

센스가 여자들의 전유물이 아니듯 정무 감각도 남자들의 전유물이 아니다. 사람들이 흔히 말하듯 군대에 다녀왔다고 정무 감각이 좋다는 보장도 없다. 요즘은 군대에서 조인트 까여가며 배우지도 않을뿐더러 그렇게 배우고 싶어 하지도 않으니 말이다. 여자들에겐 '예쁘다', 남자들에겐 '잘생겼다'라고 말하는 것처럼 직장에서도 여자에겐 '센스가 좋다', 남자에겐 '정무 감각이 좋다'라고 말하는 고정관념이 있는 것 같다. 정무 감각에는 남녀가 따로 없다. 성공하고 싶다면 누구나 갖춰야 하는 필수 감각이다. 정무 감각을 키우려면 일단 센스가 있어야 한다. 다행히 센스 좋다는 말을 이미 듣고 있다면 거기에 머무르지 말고 센스를 정무 감각으로 업그레이드하라.

TIP 정무 감각을 키우는 사소한 습관

지각했을 때

웃음으로 넘기지 않는다. "늦어서 죄송합니다"라고 명확하게 말한다. 회의 중에 지각했다면 진행에 방해되지 않도록 눈인사를 하고 조용히 앉는다. 회의가 끝난 후 상사에게 다가가 늦어서 죄송하다고 말하는 것을 잊지 않는다.

실수했을 때

웃음으로 넘기지 않는다. 일단 실수를 인정하고 "죄송합니다. 앞으로 주의하겠습니다", "죄송합니다. 제 생각이 짧았습니다"라고 말한다. "그게 아니라…", "사실은…"으로 시작하는 말은 하지 않는다. 듣는 사람 귀에는 해명이 아닌 변명으로 들리기 때문이다.

모르는 것이 있을 때

웃음으로 넘기지 않는다. 모르면 모른다고 솔직하게 말한다.

"잘 모르겠는데요. 설명 좀 해주시겠어요?" 아예 모르는 것은 아니라서 모른다고 말하고 싶지 않다면 "이건 알겠는데 저건 잘 모르겠어요", "저는 이렇게 이해했는데요. 제가 제대로 이해한 것이 맞나요?"라고 말해보라. 모르는 부분은 설명해줄 것이고, 잘못 이해한 부분은 고쳐줄 것이다.

회의 중 침묵이 생겼을 때

웃지 않는다. 침묵이 어색해서 웃음으로 해결하려는 사람이 있는데, 그러지 말자. 침묵은 누구나 불편하다는 사실을 이해하라. 자신이 나서야 할 타이밍이 아니라면 그 침묵을 본인이 깨야 한다는 사명감은 버려라. 주변을 두리번거리거나 괜히 쓸데없는 말을 꺼내서 실속 없는 사람처럼 보이지 마라.

외근 나갔을 때

얼굴에 미소를 머금어라. 마지못해 끌려 나온 것 같은 뚱한 표정을 짓거나, 밖에 놀러 나온 아이처럼 행동하지 않는다. 상사의 체면을 세워주고 예의를 지킨다. 상사가 당신을 돌보게끔 아이처럼 행동하지 마라. 상사의 짐이 아니라 도움이 돼라. 상사를 의전한다고 생각하라. 직급이 올라갈수록 의전을 잘하는 것도 실력이다.

사바SABA하라

직장생활을 하면서 내가 알게 된 사실 한 가지는 사소한 것으로 작은 감동을 줄 수 있는 사람이 큰 감동도 줄 수 있다는 것이다. 일 잘하는 직원은 하찮다고 여기는 작은 일도 남다르게 처리한다. 사소함의 가치를 안다. 누군가의 그릇 사이즈, 즉 성장 잠재력과 됨됨이는 하찮은 일을 시켜보면 금세 알아볼 수 있다.

'사바Small Act Big Appeal'는 작은 것으로 크게 어필하는 것을 말한다. 너무 사소해서 별것 아닌 것 같지만 실제로는 중요한 결과를 부르는 행동이나 태도를 나는 사바라고 정의한다. 사소한 것들이 직장 내 인간관계에서 호감을 주고, 다른 사람과의 작은 차이를 만든다. 건조한 업무 관계에서 훈훈한 정도 느끼게 한다. 이런 감정을 차곡차곡 쌓으면서 우리는 다른 사람들과 인간적 맥락을 만들어간다.

사소한 것을 제대로 챙길 때 감동은 더 커지고, 사소한 것 하나 제대로 챙기지 못할 때 실망은 더 커진다. 커리어에서의 승부수는 사소한 한 끗 차이에 있다고 해도 과언이 아니다. 좋은 호텔이나 레스토랑에 가도 프리미엄이라는 가치의 차이는 엄청난 것이 아니라, 디테일과 그곳에서 일하는 사람들의 태도에서 나온다.

회사 사무실을 이전하며 인테리어 업체를 선정할 때 내가 눈여겨본 것은 아주 사소한 기본에 있었다. 업체들이 제안한 디자인이 각기 매력적이다 보니 선택이 어려웠는데, 그때 업체 선정에 결정적 영향을 미친 것은 도면에 표시된 벽 사이즈였다. 사무실 내에 중간중간 튀어나온 작은 벽의 사이즈를 정확하게 측량한 업체는 놀랍게도 단 한 군데였기 때문이다. 무시할 만한 작은 벽이라고 도면에 대충 표시하고 넘긴 업체가 어떻게 일할지는 눈에 훤하다. 프로페셔널일수록 디테일에 민감하다. 디테일에만 연연한다는 것이 아니라, 디테일까지 중요하게 본다는 것이다. 사소한 것 하나를 보면 다른 것은 보나 마나라는 말이 나오는 것도 이러한 이유에서다.

퇴사를 고민하는 직장인들을 상담하다 보면 공통점이 있다. 문제의 대부분은 인간관계에서 시작되고, 그 발단은 아주 사소한 것이다. 사소한 것으로 미운털이 박히는 식이다. 한편 회사에 대한 만족도가 높은 직장인들을 보면 거기에도 공통점이 있다. 같이 일하는 사람들이 너무 좋다는 것이다. 그들이 좋다는 이유도 너무 사소하다. 모르는 것을 잘 가르쳐주고, 밥 먹을 때 같이 가자면서 챙겨주고, 몸이 아플 때 괜찮은지 물어봐주고, 서먹할 때 먼저 말 걸어주었던 것이 고마워서다.

사소한 것이 지속적으로 거슬리면 인간은 본성적으로 그 사람을 점점 싫어하게 된다. 그 사람이 얄밉게 느껴지고, 함께 일하는 것이 불편해진다. 그렇다고 그 사소한 것을 말로 꺼내자니 쪼잔하고 찌질해 보일 것 같아 그냥 아무 말도 하지 않고 넘어간다. 그러나 말하지 않았다고 괜찮은 것은 아니다. 어느 순간 터지고 만다. 대개는 업무를 통해 간접적으로 표출된다.

표면적으로는 일에 대해 뭐라고 하는 것 같아도 따져보면 다른 이유가 숨어 있다. 사소한 것으로 서운했거나 얄미웠던 감정이 해소되지 않았기 때문이다. 누군가의 마음속에서 조용히 싹튼 미운털은 직장생활의 적이다. 그 미운털은 점점 길어지고 굵어져서 인간관계를 힘들게 하고, 결국 직장생활을 버겁게 만든다. 아무리 일을 잘하고 성실해도 인간적으로 싫으면 함께할 수 없다.

적게 일하고 크게 인정받으려면 이러한 인간의 본성을 이해하는 것이 중요하다.

직장생활을 하면서 다른 사람들 비위를 맞추느라 자신을 희생한다는 의견도 있는 데 반해, 사람들 덕분에 성장하고 더 나아진다는 의견도 있다. 직장이란 곳에서 자기가 하고 싶은 대로만 하고 살 수는 없다. 하지만 비굴하게 아부하며 사바사바하지 마라. 우리가 해야 할 일은 작은 것으로 크게 어필하는 사바다. 너무 사소해서 무시해온 미운털을 뽑는 것, 그것이 사바의 시작이다. 작은 것으로 크게 어필할 때 적게 일하고도 많이 얻을 수 있다. 일한 만큼이 아니라, 일한 것 이상으로 크게 인정받을 수 있다는 뜻이다.

적게 일하고 크게 어필하고 싶을 때 읽는 책

PART 2

사바하기로
성공을
가로막는
미운털을
뽑아라

**사바하기로
성공을
가로막는
미운털을
뽑아라**

인사와 먹을 것은
나눌수록 좋다

아침 인사는 제대로 하라

업무 미팅을 하는데 고객이 요즘 스트레스가 심하다며 이야기를 꺼냈다. 10년 가까이 거래하는 동안 처음 있는 일이라 이유를 듣기 전에 덜컥 겁이 났다. '참 잘 통하는 거래처인데, 이분 회사를 그만두려나?' 이야기를 들어보니 고민 포인트는 그리 대단치 않았다. 아침마다 기어들어 가는 목소리로 인사하는 직원이 스트레스의 주범이었다. 그런데 이 대단치 않아 보이는 이유가 대단한 스트레스를 몰고 왔다는 입장은 충분히 이해가 되었다. 비단이 고객만 겪고 있는 스트레스가 아니기 때문이다.

소규모 디자인 회사를 운영하는 친한 지인도 직원의 아침 인사로 혼자 속을 끓인다고 했다. 매일 출근 시간 정각에 딱 맞춰 나타나거나 지각하는 직원이 있는데 "안녕하세요" 소리에 하던 일을 멈추고 고개를 들면, 그 직원은 이미 파티션 뒤로 사라지고 없다. 인사는 주고받는 것인데 혼자 일방적으로 인사하고 사라지는 것이 늘 못마땅하다. 지각할 수는 있어도 인사를 그렇게 하는 것은 아니지 않느냐고 한다. 왜 인사를 그렇게 하느냐고 따지자니 너무 찌질한 것 같아 그냥 참고 넘어가지만, 찌질 본능은 어떻게든 발동된다. 그 직원이 디자인 시안을 가져오면 잘했어도 시큰 둥하게 "음, 괜찮네요"라고 말하게 된다. 인사를 잘하는 직원에게는 다르다. 인간적으로 예쁘니까 좀 부족한 점이 있어도 "잘했네요. 이 부분만 좀 수정해볼래요? 그럼 완성도가 더 높아질 것 같아요"라고 너그럽게 봐주게 된다.

팀장인 자신에게는 피곤해 죽겠다는 얼굴로 대충 인사를 하고서는 직급 높은 임원이 지나가면 전혀 다른 사람이 되어 밝고 쾌활하게 인사를 하는 직원의 이중성에 어이가 없다는 상사도 있다. '나를 무시하나?'라는 생각에 그 직원을 대할 때면 자기도 모르게 색안경을 끼게 된다고 한다. 아침 인사에 연연하는 것은 상사뿐 아니다. 동료 관계에서도 아침 인사가 발단이 되어 인간관계가 힘들어진다. "버스 정류장에서 마주칠 때가 있어요. 제가 먼저 아는 척 안 하면 죽어도 아는 척 안 하더라고요. 저도 잘 대해 주기 싫어요", "앞자리 동료는 출근하면 다른 사람에게는 다 인사 하면서 저만 본척만척해요. 소외감이 들어서 일하기도 싫어지고 심적으로 힘드네요."

화기애애하게 하루를 시작하는 조직과 장례식장 분위기로 침 울하게 하루를 시작하는 조직의 차이는 단 하나, 아침 인사를 하 는 태도다. 유치해 보일까 봐 내색하지 않는 것일 뿐 아침 인사 하 나로 삐치고 상처받고 속상해한다. 아침 인사를 하는데 고작 2초 면 충분한데, 왜 그 몇 초에 인색한 것일까? 아침 인사 한마디는 인간관계의 윤활유가 된다. 아침 인사만 잘 주고받아도 인간관계 는 좋아지고, 직장생활은 즐거워진다.

인재 채용의 중요성을 말할 때 '인사人事가 만사萬事'라고 한다. 사람 사이에 예를 표하는 인사도 같은 한자라는 사실을 아는가? 일을 제아무리 잘해도 인사 하나 제대로 못하는 사람에게 기회는 없다. 기회가 왔다가도 사라진다.

요리 실력으로 승부가 날 것 같은 셰프의 평가 항목에서도 인 사성은 큰 비중을 차지한다고 한다. 셰프에게 밝은 인사성은 요 리 실력 못지않게 중요하기 때문이다. 실제로 직장에서 사람들이 하는 말을 잘 들어보면 인사성은 평가의 잣대로 자주 등장한다.

"사람이 너무 괜찮더라. 인사를 어쩌면 그렇게 잘해?"라고 하거나, 회사를 방문한 손님들이 직원을 칭찬할 때도 "직원들이 하나같이 인사성이 너무 밝아요. 대체 어떻게 교육을 하신 거예요?"라는 반응이 돌아온다.

외국계 글로벌 기업의 한국 대표가 되어 회사에 꼭 필요한 인재감을 찾아낼 때, 나는 인사성이 단순한 '예의 바름' 그 이상을 알려주는 단서임을 알게 되었다. 특히 아침 인사는 직원의 감정 조절, 사교성, 자신감, 자존감, 긍정적 마인드, 열정, 일관성, 태도, 공과 사를 구분하는 능력을 종합해서 보여준다. 몸이 아파서 컨디션이 나쁘거나, 집에 우환이 있거나, 출근하면서 불쾌한 일을 겪었을 때 아침 인사에 부정적 감정을 담아서 전달하는 사람이 있는 반면에, 아무리 힘든 일이 있어도 인사할 때만은 기분 좋게 하고 나중에 개인적으로 찾아와서 사정을 설명하는 사람이 있다. 당신이 상사라면 자신의 감정 하나 조절하지 못하고 감정 기복이 큰 사람에게 중요한 일이나 고객, 팀을 맡기겠는가?

아침 인사로 나에 대한 평가가 알게 모르게 이루어지면서 평판이 쌓인다. 경험에 따르면 아침 인사를 잘하는 사람은 퇴근 인사는 물론 감사 인사도 잘한다. 인사하면서 상황에 맞는 말을 덧붙이고, 그 짧은 순간에 촉을 세워 상사의 컨디션을 읽어내며, 너무 멀지도 너무 가깝지도 않은 적당한 거리를 유지한다. 아침 인사를 보면 그 사람의 센스, 됨됨이, 그릇 크기가 어느 정도 가늠된다. 마더 테레사는 '친절한 말은 짧고 하기 쉽지만, 그 울림은 참으로 무궁무진하다'라고 했다. 아침 인사가 그렇다. 하루를 시작하는 아침 인사만은 제대로 하자.

퇴근 인사 전에 퇴근 담소를 나눠라

정당한 시간에 퇴근을 하면서도 퇴근 인사를 할 때면 왠지 모르게 미안함을 느낀다. 미안하지 않아도 미안해야 할 것 같은 느낌이다. 회식이나 모임 등에서 다른 사람들보다 먼저 일어날 때면 마음이 편치 않다. 다른 사람들보다 먼저 갈 때 하는 퇴근 인사도 마찬가지다. 상사는 퇴근할 때 안 그럴 것 같지만, 상사도 직원들보다 먼저 퇴근할 때면 그런 느낌을 받는다. 그 느낌이 싫어서 할 일도 없는데 먼저 퇴근하지 못하는 소심한 상사도 있다. 어떻게 하면 찜찜한 마음 없이 당당하게 퇴근할 수 있을까?

사원 시절 부서장의 방문 바로 옆에 내 책상이 있었다. 그때 나는 직원들이 상사에게 퇴근 인사를 하는 모습을 보면서 중요한 사실 한 가지를 발견했다. 평범한 직원과 잘나가는 직원의 퇴근 인사법이 다르다는 점이다. 평범한 직원의 퇴근 인사법은 이랬다. 일단 가방을 싸고, 컴퓨터를 끈다. 외투를 입는다. 가방과 짐을 챙겨서 상사에게 간다. 상사 방문 앞에서 빼꼼히 얼굴을 내밀고 작은 목소리로 말한다. "내일 뵙겠습니다." 그리고 도망치듯 사라진다(나도 이랬다).

반면에 잘나가는 직원의 퇴근 인사법은 이랬다. 퇴근할 사람이 아닌 것처럼 부서장 방으로 들어간다. 짧으면 2~3분, 길면 10분 넘게 상사와 조근조근 담소를 나눈다. 방문 바로 옆에 앉은 나는 도대체 퇴근하면서 상사와 무슨 할 말이 있는지 궁금해 귀를 쫑긋 세우곤 했다. 들어보니 별말 없었다. 그냥 그날 있었던 일을 브리핑하거나, 상사가 관심을 갖고 있는 고객과의 미팅에 대해 상세히 말해주었다. 마치 학교에 다녀온 아이가 그날 학교에서 있었던 일을 부모님에게 말하면 부모님이 흐뭇하게 듣는 광경이랄까? 그러고는 상사에게 퇴근할 시간임을 환기시키듯 "아직 일 많이 남으셨어요?"라고 묻는다. 상사가 말할 기회도 주는 것이다. 그러면 상사는 자신의 이야기를 좀 하고, 직원은 "저는 오늘 좀 일찍 들어가 보려고요"라고 응수하며 대화를 마무리한다. 자리로 돌아온 직원은 그제야 컴퓨터를 끄고 가방을 챙긴 후, 다시 상사 방 앞으로 가서 자신감 있는 목소리로 말한다. "먼저 가보겠습니다." 상사는 "빨리 가보라"며 웃는 얼굴로 화답한다. 퇴근하는 직원의 뒷모습은 당당했다.

나는 이들의 퇴근 인사법을 따라 해보기 시작했다. 쑥스러움을 참고 일단 상사 방으로 들어가 짧은 대화를 시도했다. 상사가 '갑자기 얘가 왜 이러나'라고 불편해하면 어떡하나 걱정되었지만, 막상 시도해보니 상사는 너무 자연스럽게 받아들였다. 자기를 찾아온 나를 오히려 반기는 눈치였다. 상사는 업무 중에 대화를 나눌 옆자리 동료도 없을뿐더러 방 안에 고립되어 있으니 그럴 수밖에 없겠다는 생각이 들었다. 상사와 퇴근 담소를 나누고 있을 때 고개만 빼꼼히 내밀고 도망치듯 퇴근 인사를 하며 사라지는 직원의 모습을 보며 비로소 상사 입장이 이해되었다.

상사와 그렇게 퇴근 담소를 나누자 하루가 정리되는 느낌이었다. 정시 퇴근을 해도 퇴근 인사를 할 때 어딘지 모르게 찜찜한 마음이 들지 않았다. 미리 상사와 퇴근 담소를 나누며 정시 퇴근한다는 것을 은연중에 귀띔해둔 덕분이다. 퇴근 담소를 나눌수록 상사가 더 친근하게 느껴졌다. 상사의 방문 언저리에서 소심하게 인사하고 도망칠 때와는 확실히 뭔가 달라졌다. 상사도 먼저 퇴근할 때면 내 책상으로 와서 잠시 담소를 나누었다. 상사에게 신뢰받고 있다는 좋은 느낌을 받았다.

어느덧 내가 상사가 되어 직원들의 퇴근 인사를 받다 보니, 퇴근 인사에서 그 직원이 어떤 하루를 보냈는지 느껴졌다. 하루를 보람차게 보낸 직원은 퇴근 인사를 할 때 당당하고, 일을 제대로 못 했거나 딴짓을 한 직원은 어딘지 모르게 자신감이 부족했다. 내 방으로 들어와 "일 많이 남으셨어요?", "퇴근 안 하세요?"라고 물으며 대화를 시도하는 직원은 사랑스러웠다. 퇴근 시간인데 잠시 시간을 빼앗아도 되느냐며 업무에 대한 질문이나 조언을 구하는 직원을 보면 일에 임하는 태도와 열정이 전해져 기특한 생각이 들었다. "야근하실 거면 저녁 식사 하실래요?"라는 말 한마디는 반갑고 고맙기까지 했다.

하루를 좋게 시작했어도 끝이 안 좋으면 마음이 찜찜하다. 아침 인사 못지않게 퇴근 인사도 중요하다. 요즘은 워라밸을 위해 눈치 보지 말고 알아서 퇴근하자는 취지로 퇴근 인사를 안 하는 회사도 있다고 한다. 그럴수록 퇴근 인사를 제대로 하면 더 돋보인다. 슬그머니 퇴근하지 말고, 상사에게 다가가 담소를 나눈 후 당당하게 퇴근하자.

겨우 수저 놓기? 무려 수저 놓기

삼성전자 상품전략팀에서 일하는 인도인 비슈쿠마르, 한국 스타트업을 전 세계로 알리는 일을 하는 영국인 네이슨 밀라드, TV 프로그램 〈비정상회담〉에 출연해 유명해진 미국인 타일러 라쉬, 세 명의 외국인이 한 음식점에 모였다. 한국에서 살아가며 바로 옆에서 지켜본 한국 청춘의 좌절과 두려움, 희망과 가능성에 대해 이야기하기 위해서다.

어느 백반집의 소박한 둥근 테이블에 둘러앉은 세 남자는 우선 음식을 주문한다. 주문이 끝나기 무섭게 타일러는 사람들 앞에 수저를 정성껏 놓아준다. 이 사소한 행동에 같이 있던 두 남자는 타일러에게 "배운 사람 같다", "완전 한국 사람", "술 한잔 마시고 싶은 사람"이라며 칭찬을 쏟아낸다. 분위기는 일순 훈훈해진다. 그때 큼지막한 자막이 한 줄 뜬다. '숟가락, 젓가락만 놨을 뿐인데….' 페이스북과 유튜브, 삼성그룹 공식 블로그에 소개된 '우리는 몰랐던 대한민국 2편'의 한 장면이다. 식사하기 전 수저를 챙기는 것이 중요한 일임을 우리는 몰랐다고?

신입사원을 채용하고 일주일 후, 담당 팀장에게 그가 업무에 잘 적응하는지 물었다. 일을 잘하고 있는지 실무선에서 가장 잘 아는 사람이니까. 팀장은 "식사하러 가서 수저 놓을 줄도 몰라요" 라고 심드렁하게 답했다. 또 수저 얘기다.

얼마 전 점심 식사를 하러 간 중식당에서도 수저 얘기는 등장했다. 옆 테이블에 같은 직장에서 일하는 것으로 보이는 젊은 외국인 남자와 중년의 한국인 남자 둘이 앉았다. 중년의 한국인 남자가 음식을 주문하자 젊은 외국인 남자는 거의 자동적으로 수저를 놓고 물을 따라주었다. 식사 후 식당을 나서기 무섭게 일행 중 한 명이 말을 꺼냈다. "아까 그 외국인 남자 말이야. 와, 알아서 수저 놓고 물 따라놓는 것 봤어?" 나만 본 줄 알았더니 그도 젊은 외국인 남자의 수저 챙기는 모습을 눈여겨봤나 보다. 그저 '숟가락, 젓가락, 물만 놨을 뿐인데….'

내가 영국인 남편에게 가장 먼저 가르친 한국의 문화이자 식사 예법도 수저 세팅이었다. 다른 나라에서는 식기가 미리 테이블에 세팅되어 있거나, 식당 직원이 직접 세팅을 해준다. 하지만 테이블에 수저 서랍이 달린 한국의 식당에서는 누군가 나서서 수저, 물, 냅킨 등을 챙겨야 한다. 그 테이블의 가장 막내라 짐작되는 혹은 수저 서랍 쪽에 앉은 누군가가 일행의 수저 등을 챙겨야 한다는 우리만의 암묵적인 센스.

한국에서 자리 잡고 일하는 외국인들은 수저 세팅의 중요성을 자기네들끼리 가르치고 배우는지도 모르겠다. 우리 눈에 쏙 들게 수저를 세팅하는 일이 그들에게는 쉽지 않을 텐데 말이다. 정작 그것을 너무 사소하게 여기는 우리나라의 젊은 직장인들이 때로는 더 서툴다.

우리나라에서 수저 세팅은 알게 모르게 누군가의 기본 자질과 매너를 평가하는 보이지 않는 아주 큰 잣대다. 예의 바르게 수저를 세팅하는 모습은 사람들의 마음을 훈훈하게 한다. 그런데 수저통이 바로 자기 앞에 있는데도 멀뚱멀뚱 앉아 있는가 하면, 수저 세팅을 누가 하느냐를 두고 유치하게 기싸움을 한다. 그 모습에서도 그 사람의 됨됨이와 센스가 엿보인다. 겨우 수저 놓기가 아니라 무려 수저 놓기다.

공짜 점심은 없다

"저는 특별한 날이 아니면 가능한 한 직원들과 점심 식사는 따로 해요. 상사가 밥이나 커피를 사주는 것을 당연하게 여기는 태도가 얄밉기도 하고요. 더치페이를 해야 하는 분위기인지 아닌지 살피면서 꾸무럭대며 일어나고, 계산대로 천천히 나오는 직원들

모습을 보는 게 더 불편하더라고요. 그냥 제가 밥값을 내버리고 말아요. 그런데 밥을 그렇게 사줘도 커피 한 잔 사는 직원은 없네요? (허허) 계속 밥값을 내줄 수도 없고, 그렇다고 자기 밥값은 자기가 내라는 말은 차마 못 하겠더라고요. 좀 치사한 것 같고. 그래서 약속이 있다고 말하고 점심은 따로 먹어요."

한 외국계 기업 팀장의 이야기다. 쪼잔해 보일까 봐 다들 말을 안 해서 그렇지 밥값 스트레스를 받는 상사가 의외로 많다. 직원 입장에서는 밥값이라고 해봤자 뭐 얼마나 한다고 할지 모르지만, 상사 입장에서는 한 명의 밥값만 내는 것이 아니다. 그날 하루만 내는 것도 아니다. 사실 돈의 액수를 떠나 상사가 스트레스를 받는 이유는 따로 있다. 이런 것을 너무나 당연하게 여기며 고맙다는 말이나 커피 한 잔 사겠다는 말을 하지 않는 직원에게 서운한 것이다.

내가 아는 지인은 직원들과의 점심 식사비로 매월 100만 원 이상을 쓰고 있었다. 어쩌다 보니 2년 전부터 상사가 당연히 밥과 커피를 사는 분위기로 정착되었다고 한다. "매번 사주시는데 각자 내자"라고 나서서 말해주는 직원도 없고, 그렇다고 본인이 나서서 "이제부터 밥값은 각자 내자"라고 말하기가 뭣해서 그냥 계속 내온 것이다.

점심 식사를 하러 갈 때 지갑을 아예 안 가져오는 직원이 나에게도 있었다. 한두 번은 실수로 지갑을 안 가져온 것인 줄 알고 밥을 계속 샀는데, 알고 보니 실수가 아니었다. 그 직원에게 팀원이 생기자 상황은 역전되었다. 은연중에 서로 밥값 스트레스를 받는 것이 싫어 나는 이렇게 정리했다. "우리는 직장에 자기 밥벌이를 하려고 왔다. 그러니 자기 밥값은 자기가 내라. 상사 또는 누군가가 먼저 '오늘 밥은 내가 살게'라고 하지 않는 한 자기 밥값은 자기가 내는 거다." 이 말을 꺼내기 참 어려웠는데, 하고 나니 모두가 편안해졌다.

그러나 이 말을 하지 못해 밥값 스트레스에 시달리는 상사는 여전히 많다. 계산할 때가 되면 '상사가 내주겠지', '나이가 나보다 많으니까 내주겠지', '나보다 돈 많이 버니까 당연히 내겠지'라며 누가 대신 내주기를 은근히 바라는 태도는 프로페셔널하지 않다. 어른으로 존중받고 싶다면 자기 밥값은 자기가 내야 한다. 오히려 상사에게 도움을 받았다면 밥 한 끼는 살 수 있어야 하지 않을까?

투자의 귀재라고 불리는 워런 버핏Warren Buffet과 점심 식사를 하기 위해 30~40억 원을 내는 사람들이 있다. 그의 투자 철학과 조언을 듣기 위해 그만한 비용을 치르는 것이다. 한국에서는 영혼의 멘토로 불리는 혜민스님과의 저녁 식사비로 1000만 원을 지불한 사람도 있었다. 자신에게 필요한 것을 배우기 위해 점심값, 저녁값을 기꺼이 치른다. 상사나 선배에게 일을 배우고 도움을 받으면서 밥까지 얻어먹는 것을 당연시하는 것과 상반된 모습이다. 자기가 필요할 때 불쑥 도움을 청하고 상대의 시간을 빼앗으면서 나이가 더 어리거나 직급이 낮다는 이유로 얻어먹어도 괜찮다고 생각한다. 이는 연봉의 많고 적음의 문제가 아닌 인식의 문제다.

가치 있는 것을 얻으려면 당연히 값을 치러야 한다. 자신의 목적을 위해 상대의 귀한 시간과 노력, 경험을 아무렇지 않게 공짜로 받으려는 마인드로는 리더로 성장하기 어렵다. 귀한 것을 귀하게 여기고 값을 치를 수 있는 사람만이 자신의 가치도 제대로 인정받으며, 존중받는 리더로 성장할 수 있다.

TIP **밥을 사고 싶어도 윗사람이 못 사게 할 때**

"오늘 식사는 제가 대접하게 해주세요."

"오늘 밥은 제가 살 테니 맛있는 것으로 고르세요."

먼저 선언하라. 그리고 식사를 거의 다 마치고 나가기 전에 잠깐 화장실에 다녀온다고 하면서 조용히 밥값을 계산하고 와라. 계산대 앞에서 "이미 계산하셨어요"라는 말에 감동하는 얼굴을 볼 것이다. 윗사람이 기어코 밥을 사고 말았다면 "잘 먹었습니다. 커피는 제가 살게요"라고 말하라. 커피마저 사지 못했다면 헤어지고 난 후 진심이 담긴 감사의 문자 메시지를 보내라. 그것만으로도 윗사람은 흐뭇해한다.

점심시간일수록 상사를 챙겨라

내 친구는 회사에서 이달의 우수사원으로 뽑혀 선물과 함께 근사한 식당에서 사장과 점심 식사를 하게 되었다. 그런데 밥을 먹다 체할 뻔했다면서 왜 사장과 점심 식사를 해야 하는지 모르겠다며 짜증을 냈다. 점심시간에 상사를 피하고 싶은 그 마음은 충분히 이해한다. 하지만 점심시간일수록 상사를 챙길 필요가 있다. 점심시간이야말로 상사에게 인간적으로 어필할 수 있는 기회의 싹이 트는 시간이기 때문이다.

상사와 같이 밥을 먹기 싫어 점심시간만 되면 도망가는 사람이 있는가 하면, 점심시간을 이용해 상사의 마음속에 듬직하게 자리 잡는 사람도 있다. 사실 상사는 점심시간이 되면 직원들이 같이 밥을 먹기 싫어할까 봐, 점심시간에 왕따를 당할까 봐 은근히 신경 쓴다. 어떤 회사는 점심시간에 따로 밥을 먹을 자유를 주지 않고 다 같이 먹는다. 대체 그 이유가 뭘까? 점심시간에 소외될지도 모른다는 스트레스에서 벗어나고 싶은 상사의 마음이 숨어 있는 것은 아닐까?

직원들에게 점심을 같이 먹자고 휘어잡지 못하는 소심한 상사도 있다. 직원들이 점심을 먹으러 가자고 말하기를 기다린다. 점심시간이 지난 줄 모르고 일하다 방 밖으로 나왔더니 자기만 쏙 빼놓고 직원들이 모두 점심을 먹으러 가서 굉장히 속상했다는 상사도 있다. 더 이상 상처받지 않기 위해 점심은 따로 먹겠다고 선언했다고 한다. 점심시간이 되었는데도 컴퓨터 앞에 꼼짝하지 않고 앉아만 있는 직원들에게 늘 먼저 밥을 먹으러 가자고 말해야 하는 것이 스트레스라는 상사도 있다. 상사의 이런 속마음을 모르는 직원은 이렇게 하소연한다. "저희 부장님은요. 배고파 죽겠는데 밥 먹자는 말씀을 안 하세요." 그 부장님도 같은 생각인데 말이다. '배고파 죽겠는데 아무도 밥 먹자고 안 하네.'

점심시간에 "식사하러 가시죠!"라며 상사를 챙기는 말 한마디로도 자신의 존재감을 어필할 수 있다. 인간이든 동물이든 밥을 챙겨주는 사람에게 끌리는 것은 본능 아닌가? 식사하러 가자는 말에 바쁜 척 무성의하게 대답해도 상사는 밥을 챙겨주는 직원이 내심 고맙다. 굳이 이런 말을 할 필요도 없이 다들 식사하러 가는 분위기면 상사가 알아서 따라붙어야 하는 것 아니냐며 반문하는 사람도 있다. 입장을 바꿔 생각해보자. 윗사람이 지나가는 말이라도 밥은 먹었냐며 챙겨줄 때 인간미를 느끼듯 상사도 밥을 챙겨주는 직원에게 인간미를 느낀다. 유난을 떨지 않으면서 상사와의 강력한 인간적 맥락을 만들어주는 한마디 "식사하러 가시죠." 이 말을 다른 동료에게 빼앗기지 마라.

특히 직속 상사는 직장인에게 가장 중요하다. 자신의 직속 상사는 빼놓고 다른 부서 상사들과 점심을 먹다 보면 어딘지 모르게 싸늘한 직속 상사의 모습을 볼지도 모른다. 실질적으로 중요한 직속 상사는 맨날 보니 물이나 공기처럼 당연하게 여기며 뒷전에 두곤 한다. 회사의 높은 임원에게 잘 보이거나, 회사 밖의 멘토를 찾아 점심시간을 활용하려는 야심으로 차 있다. 그러나 직장생활 5년 차가 되기 전까지는 회사 밖보다 회사 안에서의 점심 시간에 투자해야 한다.

진짜 알짜배기 커리어 전략은 직속 상사와의 점심시간을 어떻게 활용하느냐에 달려 있다. 매일 돌아오는 점심시간, 선택의 여지없이 상사나 동료와 점심을 먹어야만 하는 분위기라고 억지로 끌려가듯 하지 마라. 점심시간은 같이 일하는 사람들과 인간적으로 교류할 수 있는 시간이다. 점심시간에 밥만 먹지 말고 인간적 맥락을 쌓아라. 8시간 이상 사무실에서 하루 종일 일하는 것보다 점심시간을 통해 서로에 대해 인간적으로 더 많은 것을 알게 되고, 호감을 얻을 것이다.

미국의 대표적인 저가 항공사 제트블루JettBlue의 창업자인 데이비드 닐먼David Neeleman은 성공하기 위해서는 직원을 살뜰히 돌봐야 한다고 말했다. 직원 입장에서는 이렇게 자문해보면 어떨까? 직장에서 성공을 원하면서 정작 나의 상사를 소홀히 대하지는 않는가? 리더로 성공한 사람들 대부분은 상사가 신뢰하고 아끼는 참모였다. 그렇다면 어떤 사람이 참모가 될까? 실력은 기본이고, 상사와 식사를 많이 하는 사람이라고 생각한다. 밥 정情은 무서운 법이다. 다른 때는 몰라도 점심시간일수록 상사를 잘 챙기는 사람이 돼라.

TIP 점심시간에 상사에게 어필하고 싶다면

오전에 상사에게 한소리 들었을 때

오전에 상사에게 한소리 들었다면 상사와 같이 밥을 먹기 정말 싫을 것이다. 점심시간이 다가오면 사실 상사도 마음이 불편해진다. 직원이 자신과 밥을 먹기 싫어할까 봐 내심 걱정이다. 안 그런 척해도 알게 모르게 직원의 눈치를 보는 상사는 약속을 잡아 앞서 밖으로 나갈지, 직원들이 점심을 먹자고 해도 그냥 따로 먹겠다고 할지 고민에 빠진다.

이럴 때 한소리 들은 직원이 먼저 다가와 "식사하러 가시죠. 뭐 드시고 싶으세요?"라고 말 한마디 건네면 상황은 종료된다. 상사는 이 직원을 다시 보게 된다. 그 말 한마디에 여러 생각을 한다. '어떤 일을 맡겨도 감정에 휘둘리지 않겠구나', '의견 충돌이 있어도 잘 풀어나갈 줄 아는구나'라며 업무적인 역량뿐 아니라, 인간적으로 높이 평가하며 더 신뢰하게 된다.

점심시간이 지났는데도 상사가 안 나타날 때

특별한 일이 없으면 늘 같이 점심 식사를 하는 상사가 회의가 길어져 점심시간이 되도록 안 나타날 때가 있다. 직원들 대부분은 "알아서 따로 드시겠지"라며 자기들끼리 식사하러 가기 바쁘다. 이럴 때 상사에게 조용히 문자 메시지나 카톡을 보내 식사를 따로 할지, 기다렸다가 같이 해야 할지 챙기는 직원이 있다. 회의 중에 메시지를 보내면 방해하는 게 아닐까 싶지만, 이런 메시지는 상사를 내심 기분 좋게 한다. 점심시간이라고 챙겨주는 직원은 왠지 곁에 두고 싶은 사람이다.

상사가 너무 바빠 식사하러 못 나갈 때

점심시간인데 상사가 너무 바빠 못 나간다며 "여러분끼리 식사하고 오세요"라고 할 때가 있다. 상사와 밥을 먹지 않아도 된다는 해방감에 화색이 돌며 우르르 빠져나가는 직원들 사이로 이렇게 묻는 직원이 있다. "들어오면서 김밥이나 샌드위치라도 사다 드릴까요?" 나갈 때 미처 챙기지 못했으면 들어오면서 상사에게 전화한다. "아직 식사 안 하셨으면 김밥이나 샌드위치라도 사갈까요?" 이런 사소한 배려에 상사는 감동한다. 기억하자. 먹을 것을 챙겨주는 사람은 항상 고마운 법이다.

상사도 간식 먹고 싶다

자기 방이 따로 있는 상사가 되면 귀가 밝아진다. 들으려고 노력하지 않아도 방 밖의 상황이 잘 들린다. 특히 유독 귀에 와서 꽂히는 소리가 하나 있는데, 바로 직원들끼리 간식 먹는 소리다. 부스럭거리는 소리와 함께 직원들의 작은 웃음소리가 들리고 "고마워", "잘 먹을게요" 등의 말이 오간다. 방 안에 있는 상사는 방 밖에서 직원들이 무엇을 먹는지 궁금증이 생기는 동시에 소외감을 느낀다. 외향적인 성격의 상사는 "뭘 그렇게 맛있게 먹느냐"며 방 밖으로 나오기도 하지만, 소심한 성격의 상사는 방 안에 앉아 일에 집중하는 척하며 이런 생각에 잠긴다. '나도 입 있는데….'

직원들이 출출해서 간식을 먹고 싶을 때 상사도 같은 인간이기에 간식이 먹고 싶다. 이때 "이것 좀 드셔보세요"라며 간식을 챙겨서 상사의 방에 등장하는 직원은 예쁠 수밖에 없다. 연애할 때 큰 것보다 사소한 것을 잘 챙겨주는 상대에게 더 호감을 느끼듯이 상사도 직원이 간식과 같은 사소한 것을 잘 챙겨줄 때 인간적으로 더 정이 간다.

인간관계에서는 정말 먹을 것 하나에 정이 난다. '콩 한 쪽도 나눠라'는 옛말을 가볍게 넘기지 마라. 음식을 나눠 먹을 때 사람들은 인간미와 호감을 느낀다. 국적, 사회적 지위, 나이를 떠나 먹을 것에 약한 것이 사람이다. 이것이 인간의 본성이다. 미국에서 트럼프 대통령의 딸 이방카가 워싱턴으로 이사를 갔을 때 동네의 이웃들과 친해지기 위해 한 일은 케이크와 쿠키를 들고 집집을 방문한 것이었다. 별것 아닌 케이크와 쿠키가 그녀에 대한 경계심을 호감으로 바꾸었다.

먹을 것에 약한 인간의 본성을 이해하지 못해서 직장생활이 힘들어지는 경우도 있다. 상사만 쏙 빼놓고 간식을 먹다 인사상의 불이익을 당하는 경우다. 실제로 이런 어처구니없는 일이 벌어진다.

사연1. 오후 4시쯤 출출해서 동료와 고구마를 먹던 중에 사장님에게 걸렸습니다. 그날 퇴근할 때 같이 있던 동료는 회사를 그만 나오라는 통보를 받았습니다. 회사에서 간식을 먹으면 안 되나요? 회사 내부 규정이 그렇다고 하면 퇴근할 때까지 출출해도 그냥 참고 일해야 하나요?

사연 2. 저희 회사는 업무 시간에 빵이나 음료 등을 자유롭게 먹으면서 일하는 분위기입니다. 그런데 그날따라 사장님이 냄새가 심하다며 간식 금지령을 내렸어요. 앞으로 업무 시간에 간식을 먹다 적발될 경우 인사고과에 불이익을 주겠다고 하는데요. 이것이 정당한 사유가 되나요?

노동법에 회사에서 간식을 먹으면 퇴사해야 한다거나, 인사고과에 불이익을 받는다는 조항은 없다. 솔직히 이런 조치를 내린 상사의 행동이 얼마나 유치하고 비이성적인가? 만약 상사에게 같이 먹자고 권했다면 어땠을까? 화풀이하듯 직원을 해고하거나, 인사고과에 불이익을 주겠다고 으름장을 놓지는 못했을 것이다. 냄새나고 보기 안 좋다고 하면서도 같이 먹는 입장이 되면 절대 그런 말을 못 하는 것이 인간이다.

팀장 시절 싱가포르 출장 중 팀원에게 별일은 없는지 전화한 적이 있다. 팀원이 가장 먼저 보고한 말, "팀장님, 이사님이 팀장님 책상 위에 있던 초코파이 드셨어요." 그때 나도 처음 알았다. 나의 상사도 초코파이를 먹고 싶어 하는 한 인간임을. 이렇게 먹을 것에 연연하는 것이 인간이다.

1년에 딱 한 번 생일 케이크

페이스북에 이런 포스팅이 올라왔다. "직원들이 제 생일이라고 고기 모양의 케이크를 준비했어요. 저를 웃게 만드네요. 함께 또 한 살 먹는 것에 감사함을 느낍니다." 케이크를 앞에 두고 직원들과 함께 찍은 사진 한 장을 자신의 페이스북에 올리며 자랑한 사람은 누구일까? 페이스북의 CEO 마크 저커버그Mark Zuckerberg다. 저커버그뿐 아니다. 내 페이스북 친구 중에는 기업의 CEO나 상사 위치에 있는 사람이 많은데, 직원들이 조촐하게나마 생일 파티를 해주면 그렇게 좋아서 자랑을 한다.

직원들이 챙겨준 (결국 회사 경비로 처리될 것이지만) 생일 케이크, 첫 월급을 받았다며 점심 식사 후 산 커피 한 잔, 상사는 사회에서 만난 스승이라며 스승의 날에 보낸 꽃바구니, 휴가에서 돌아온 직원이 (자기 휴가를 당연히 쓰는 것인데도) 감사하다며 휴가지에서 가져온 초콜릿 등 나름 사회적으로 한자리한다는 사람들이 사소한 것에 더 크게 감동한다. 한 가지 흥미로운 점은 이런 소박한 포스팅에 평소보다 더 많은 '좋아요'와 댓글이 달린다는 점이다. 무척이나 부러운 다른 상사들이 보내는 반응이다.

직원들은 회사에서 챙겨주는 생일, 명절, 경조사를 당연하게 여긴다. 회사가 약속한 복지 조건이라고 해도 사실 그것을 직접 챙겨주는 사람은 상사다. 상사가 나서서 챙겨주지 않으면 모르고 지나가는 경우가 많다. 하지만 상사를 그렇게 챙겨주는 사람은 별로, 아니 거의 없다. 직장에서 상사는 챙겨주고, 직원은 챙김을 받는 관계다. 인사부나 총무부 같은 부서가 없는 작은 회사는 직원 중 누가 챙겨주지 않으면 상사는 자기 입으로 "오늘이 내 생일"이라고 떠벌리기도 민망하여 그냥 넘어간다. 심지어 직원들이 자기를 별로 안 좋아한다는 것을 아는 소심한 상사는 직원들이 자기 생일을 안 챙겨줄지도 모른다는 스트레스에 일부러 휴가를 쓰기도 한다.

작은 것으로 크게 어필할 줄 아는 직원은 상사의 생일을 미리 확인해둔다. 다른 동료의 생일을 챙길 때 "팀장님 생신은 언제예요?"라고 자연스럽게 묻는 식으로 말이다. 상사의 생일이 되면 동료들에게 생일 파티를 같이 준비하자고 리드한다. 혼자만 조용히 챙기면 아부처럼 보이지만, 다 같이 챙기면 보기에도 좋고 준비하는 즐거움도 배가되기 때문이다.

상사는 겉으로는 티내지 않아도 누가 나서서 이러한 기특한 일을 기획했는지 느낌으로 알아챈다. 모르면 어떻게든 알아낸다. 1년 중 생일 하루만 잘 챙겨도 상사의 기억 속에 정말 고마운 직원으로 각인될 수 있다. 높은 자리에 올라가면 돈보다도 사소한 정에 더 목말라한다. 돈으로 살 수 없는 직원들의 별것 아닌 챙김, 따뜻한 말 한마디, 손편지 같은 작은 정성에 더 감동한다.

스타일과 매너가
곧 경쟁력이다

학생복, 파티복, 운동복 No! 출근복을 입어라

아이스하키 불모지 한국을 사상 최초 세계 16강팀에 들게 하여 기적을 일으킨 백지선 감독. 그는 왜 선수들의 옷차림까지 신경 썼을까? 선수가 경기에 출전해 결과만 좋으면 되지 옷차림이 뭐 그리 중요하냐고 할지도 모른다. 하지만 옷차림은 의외로 그 사람에 대해 많은 것을 알려준다. 의도와 관계없이 사람들은 옷차림을 보고 당신에 대해 읽으려고 한다. 사람을 겉만 보고 판단하지 말라고 하면서도 본능적으로 판단하는 것이다.

회사에서도 옷차림은 알게 모르게 당신에 대해 말해준다. 회사에 대한 예의, 일에 대한 예의, 같이 일하는 사람에 대한 예의, 자기 자신에 대한 예의는 물론 때와 장소에 따른 판단력, 문화적 수준, 센스, 어떤 이미지로 자신을 포지셔닝하고 싶은지 알려주는 단서가 된다. 출근할 때마다 늘 하는 고민인 '오늘 뭐 입고 가지?'는 결코 사소하지 않다. 프로페셔널한 사람으로 인정받고 싶어 하면서, 리더십 있는 사람처럼 보이고 싶어 하면서 정작 방학 동안 일을 배우는 인턴처럼 학생복을, 클럽에 춤추러 가는 클러버처럼 파티복을, 주말 등산을 기다리는 동호회 회원처럼 등산복을 입고 출근하지 않는가? 직장에 갈 때는 직장인답게 출근복을 입어야 한다.

직원에게 서운할 때가 언제냐는 질문에 '옷을 너무 대충 입고 출근할 때'라고 말하는 상사가 많다. 회사를 너무 쉽게 보는 것 같다는 생각이 들어서다. 옷차림에 대한 불만은 상사만 있는 것이 아니다. 같이 일하는 사람이 후줄근하게 옷을 입으면 회사에 대한 자부심이 사라진다고 불평하는 동료나 부하직원의 말도 일리가 있다. 옷차림은 지위뿐 아니라, 그 사람이 속한 조직까지 보여주기 때문이다.

너무 짧은 치마나 가슴이 많이 파인 야한 옷, 딱 달라붙는 양복바지, 요란한 신발과 양말 등 회사 이미지나 업무에 어울리지 않는 안하무인 옷차림으로 눈살을 찌푸리게 하지 않는지 점검해보

자. 아무리 친한 사이라도 옷차림을 지적해주기는 어렵다. 피드백이 필요하면 먼저 조언을 해달라고 요청하라. 외국계 기업에서 일하면 자유분방하게 옷을 입어도 괜찮다고 여기는 직원이 있다. 착각이다. 직원의 옷차림에 대해 대놓고 말하지 않을 뿐 회사마다 허용되는 나름의 기준이 있다. 옷차림 기준을 두지 않는 글로벌 기업이어도 평소의 업무에서 벗어나 기준이 모호해지는 출장, 특히 여러 나라의 글로벌 직원이 한자리에 모일 때는 '스마트 캐주얼'과 같은 기준을 제시한다. 너무 차려 입거나 너무 대충 입어서 거북해지는 상황을 만들지 않기 위해서다.

옷차림에 신경을 쓰라는 것은 이 옷 저 옷 사느라 옷값에 많은 돈을 들이라는 말이 아니다. 패셔니스타가 될 필요도 없다. 회사는 옷 자랑을 하는 패션쇼장이 아니지 않은가. 하루 종일 일하는 데 불편하지 않으면서 직업적 전문성을 돋보이게 해주는 자신만의 옷차림 기준을 스스로 마련하라는 것이다. 그 기준에 따라 옷장과 신발장도 업그레이드하라. '능력만 있으면 되지'라고 생각한다면 큰 오산이다. 자신의 능력을 시각적으로 보여줄 수 있도록 옷차림도 능력에 뒤처지지 않도록 하라. 다른 사람이 당신의 외모가 아닌 능력에 집중하도록 하기 위해서 말이다.

내 표정이 어때서? 내 몸짓이 어때서?

"만사가 귀찮다는 듯 피곤한 표정으로 출근하고, 업무를 지시하면 이해한 건지 만 건지 뚱한 표정으로 쳐다보고, 자기 마음에 내키지 않으면 무슨 말을 해도 눈도 안 마주쳐요. 주변 사람들이 눈치 보게 만든다니까요. 그렇다고 표정을 왜 그렇게 짓느냐고, 눈은 왜 그렇게 뜨냐고, 사람이 말하는데 왜 쳐다보지도 않느냐고 말할 수도 없잖아요. 어휴, 똑똑하기만 하면 뭐해요. 아주 불편해 죽겠어요. 이렇게 대하기 어려운 직원은 다시는 안 뽑으려고요."

한 외국계 기업 팀장의 하소연이다. 우리는 모국어나 외국어를 유창하게 구사하기 위해 온갖 신경을 쓰면서도 몸짓으로 말하는 보디랭귀지는 의외로 신경을 안 쓴다. 심지어 "저는 싫으면 싫은 표정을 못 감추거든요"라고 당당하게 말한다. 하지만 이는 "저는 본능적으로 행동할 뿐이에요"라고 말하는 것에 지나지 않는다.

직장에서 우리는 보디랭귀지에 상당한 영향을 받는다. 윗사람은 아랫사람의 보디랭귀지를, 아랫사람은 윗사람의 보디랭귀지를 본능적으로 읽으며 분위기를 파악한다. 상대가 자신을 어떻게 생각하는지, 그 상황에서 어떻게 처신해야 할지 순식간에 판단을 내린다. 보디랭귀지로 일 잘하게 생겼다거나 똑똑하게 생겼다는 인식을 심기도 하고, 거만해 보인다거나 이유 없이 그냥 싫은 밉상 직원이 되기도 한다.

도대체 뭘 잘못했는지 모르겠는데 직장에서 미운털이 박혔다면, 상사와 이유 모를 불편한 관계가 되었다면 자기도 모르게 하는 보디랭귀지가 그 원인일 가능성이 크다. 사소한 보디랭귀지가 원인이 되어 불편한 인간관계를 못 견디고 퇴사하는 심각한 상황이 실제로 벌어진다. 혹시 이런 보디랭귀지로 사무실에서 소통하고 있다면 반드시 개선이 필요하다.

- 윗사람보다 더 느릿느릿 걷는다.
- 윗사람이 말할 때 시선을 피한 채 휴대폰을 만지작거린다.
- 윗사람이 앉아 있는 의자 등받이에 팔을 대거나, 위에서 내려다보는 제스처를 취한다.
- 윗사람이 부르면 쳐다보지 않고 입으로만 "네" 하며 하던 일을 계속한다.
- 윗사람의 이야기를 의자에 반쯤 기대어 앉아 다리를 꼬거나 팔짱을 끼고 듣는다.
- 대화를 나누던 중 재미있다고 웃으며 윗사람의 팔을 붙잡거나 등을

툭툭 친다.

- 윗사람과 서서 대화를 나눌 때 짝다리를 짚는다.

- 회의 시간에 볼펜을 딸깍거리거나 다리를 떤다.

- 말을 붙이기 위해 윗사람의 어깨를 툭툭 친다.

- 다른 사람의 책상에서 이야기를 나눌 때 책상 위에 있는 물건을 이것저것 손댄다.

- 윗사람에게 보고서를 올릴 때 책상 위에 있는 서류나 컴퓨터 화면을 흘끔거린다.

- 업무를 지시하면 '지금 저보고 하라는 말이에요?'라는 듯 떨떠름한 표정을 짓는다.

- 말할 때 손동작이 너무 과해서 옆 사람의 시야를 가린다.

보디랭귀지 하나로 너무 쪼잔하게 군다고? 사람들은 별것 아닌 작은 몸짓에도 그 사람의 됨됨이와 이미지를 무의식적으로 저장하고, 그 사람에 대한 평가를 순식간에 내린다. 카톡이나 문자 메시지에서도 이모티콘으로 보디랭귀지를 표현하는 것이 인간이다. 직장에서뿐 아니라 국제 사회에서 대통령이라는 사람들도 보디랭귀지에 연연한다. 트럼프 미국 대통령과 각국의 정상이 어떻게 악수했는지가 신문 1면을 장식한다. 그것으로 국가 간의 향

후 관계가 짐쳐지고, 서로에 대한 호감과 친분의 정도가 드러나기 때문이다.

하버드 경영대학원의 에이미 커디Amy Cuddy 교수는 우리가 직장에서 무심코 보여주는 보디랭귀지의 중요성을 강조한다. 확신에 찬 보디랭귀지가 직장에서의 성공을 이끈다는 것이다. 실제로 우리는 누구를 채용할지, 승진시킬지, 어떤 영업사원과 거래할지 (심지어 누구와 데이트를 할지) 결정할 때 상대의 보디랭귀지를 통해 이미지 연상 작용을 한다.

보디랭귀지 하나로 크게 어필하는 사람들은 사소한 몸짓이나 표정으로 상대가 존중받고 있다는 느낌이 들게 한다. 발표를 마친 사람에게 '엄지 척!' 리액션을 해주고, 회의 시간에 의견을 피력하면 고개를 끄덕여주고, 상사가 멋진 말을 하면 노트에 적는 진지한 모습도 보여준다. 눈이 마주치면 눈길을 슬쩍 피하거나 뚱한 표정을 짓는 것이 아니라, 환한 미소로 답한다. 누군가를 보기만 해도 좋은 것은 그냥 좋은 것이 아니었다. 그들은 보디랭귀지로 소리 없이 어필하고 있었던 것이다.

어디에 앉지? 어디에 서지?

회사에 입사하고 경력이 쌓일수록 평소 깊게 생각해보지 않았던 자질구레한 일이 어려워지는 것을 느낀다. 그중 하나가 바로 상석에 대한 것이다. 미팅 자리에서, 식당에서, 차 안에서 등 윗사람이나 고객과 함께할 때 어디에 앉아야 할지, 어디에 서야 할지가 일보다 더 어려울 때가 있다. 아무 생각 없이 자리를 잘못 잡았다가 눈치 없는 밉상이 되지 않으려면 상석 매너를 이해해서 몸에 익게 해야 한다. 그래야 정말 필요한 순간에 자연스럽게 상석 매너가 나올 수 있다.

엘리베이터에서

탈것이 오면 먼저 타려는 것은 인간의 본능이다. 엘리베이터도 마찬가지다. 엘리베이터 문이 열리는 순간 누구와 함께 있는지를 망각하고 먼저 타려는 본능에 충실한 사람이 꼭 있다. 점심시간에 이런 광경은 자주 목격된다. 상사나 선배들과 함께 있으면서 자기가 먼저 엘리베이터에 올라타는 신입사원을 본 적이 있을 것이다. 먼저 타서 열림 버튼을 누르고 있으려나 보면 엘리베이터의 가장 상석이라고 여겨지는 안쪽 코너에 몸을 기대어 휴대폰만

만지작거리고 있다.

요즘 시대에 무슨 상석이냐고 할지도 모른다. 하지만 막상 누군가 당신에게 예의를 갖추거나, 사람들끼리 예의를 갖추는 장면을 목격한다면 왜 이런 것이 중요하다고 강조하는지 알 것이다. 엘리베이터라는 공간에서도 세련된 품격을 느끼게 하는 동시에 좋은 인상을 남길 수 있다. 매일 우리는 엘리베이터를 탄다. 엘리베이터를 탈 때마다 상석 매너를 적용해서 연습해보자. 막상 연습해보면 이론과 실제는 다르다는 점을 깨닫게 될 것이다. 실제 현실에서는 엘리베이터에 사람이 많이 타고 있다거나, 윗사람이 엘리베이터의 상석이 아닌 곳에 설 수도 있기 때문이다.

엘리베이터에서 결례를 범하지 않는 아주 쉬운 방법이 있다. 엘리베이터는 무조건 윗사람이 타고 난 후에 타라. 어쩌다 엘리베이터에 먼저 타게 되었다면 엘리베이터 조작 버튼이 있는 쪽으로 가서 사람들이 다 탈 때까지 열림 버튼을 눌러주라. 그 자리에 이미 누군가 서 있다면? 그냥 가장 안쪽으로 들어가라. 엘리베이터에서 센스 있게 행동하는 방법이다.

식당에서

점심시간에 마주하는 꼴불견 중 하나는 눈치 없이 상석에 떡하니 앉는 부하직원이다. 일행이 다 같이 앉을 자리가 있는지 알아보려고 식당에 먼저 간 것까지는 좋다. 자리를 보는 순간 편한 자리를 차지하려는 본능이 튀어나와 상석을 차지하고 앉아버린다. 누군가 먼저 상석을 차지하고 있으면 다른 사람들도 좋은 자리를 차지하기 위해 무언의 자리 경쟁을 한다. 그 경쟁에 참여하지 않았거나, 식당에 좀 늦게 온 상사의 자리는 테이블 맨 끝자리가 된다. 심지어 벽에 붙은 쿠션 의자 말고 딱딱한 의자 쪽으로 말이다. 상석을 모르는 직원들과 일하는 상사가 겪는 점심시간의 모습이다. 그럴 때 "이쪽으로 앉으세요" 하고 편한 자리를 배려하면 상사는 "아무 데나 앉으면 어때~ 난 괜찮아"라면서 내심 그 직원을 다시 보게 된다.

상석 매너를 아는 조직에서는 자연스럽게 상석 룰을 지킨다. 식당에 부하직원이 먼저 도착하면 가장 편한 자리를 자기 자리로 찜하는 것이 아니라, 그런 자리는 우선 비워둔다. 상석이 어디라고 말이 오가지 않아도 자연스럽게 자리 배치가 이루어진다.

윗사람이나 손님과 동행하는 식사 자리에서 상석 매너는 필수다. 점심시간에 상사와 손님과 함께 식사를 할 때 이들보다 식당에 먼저 도착했다면 편한 자리인 상석을 비워두라. 식당 의자가 길게 붙어 있다면 상석 룰을 그대로 지키기에는 무리가 따른다.

뒤늦게 도착한 상사와 손님을 앉히기 위해 여러 명이 일어나야 한다면 서로 불편해질 수 있으므로 센스를 발휘하자. 뒤늦게 합석해도 무리 없이 앉을 수 있는 테이블 끝에서 두 번째 자리 정도를 비워두면 좋다.

자동차에서

편한 자리에 앉고자 하는 인간의 본능은 끝이 없다. 버스나 전철에서 더 편한 자리를 찾아 이리저리 자리를 옮기는 사람이 얼마나 많은가. 자동차에서도 이러한 인간의 본능은 여지없이 발동된다. 상사의 차를 타고 단둘이 외근을 나갈 때는 상사 옆자리에 앉으면 되니 상석을 따질 필요 없다. 그런데 자신보다 상급자인 선배 한 명이 동행할 때는 주의가 필요하다.

홍보 마케팅 회사에서 팀장으로 근무하는 지인은 사장님이 운전하는 차를 타고 외근을 나갔다가 미팅 가는 내내 기분이 좋지 않았던 이야기를 들려주었다. 주차장에서 사장님 차 앞에 이르렀을 때 동행한 후배 직원이 사장님이 운전하는 운전석 옆 조수석을 차지해버린 탓이다. 자동차 상석 룰에 따르면 상사가 운전할 때는 운전석 옆자리가 그다음 상석이다. 상석 룰을 몰라도 조수석 뒷자리보다 운전석 옆의 조수석이 더 넓고 편하다. 후배 직원에게 상석 매너를 운운하며 가르치자니 자리 하나로 문제를 삼는 자신이 쪼잔해 보일까 봐 차마 내색하지는 못했다. 미팅을 마치고 돌아올 때는 후배 직원보다 더 빨리 걸어 조수석을 차지했다고 한다. 유치하지만 이것이 인간의 본능인 것을 어쩌겠는가.

인터넷이나 에티켓 관련 책을 보면 자동차에서의 상석 매너가 그림과 함께 잘 정리되어 있다. 하지만 막상 현실에 적용하기가 쉽지 않다. 사람에 따라 선호하는 자리가 다르다 보니 상석 룰을 깨는 상사가 나타날 수 있다. 이때 가장 좋은 방법은 상사를 원하는 자리게 앉게 한 후에 앉는 것이다. 그러면 실수할 일이 줄어든다.

상석이란 좋고 편안한 자리로, 높은 사람이 앉는 자리를 말한다. 존칭어나 보디랭귀지뿐 아니라 자리로도 예의를 갖추는 것이 비즈니스의 기본이다. 생각해보면 우리는 가정에서 상석 개념을 알게 모르게 익혔다. 집집마다 식탁에서 아버지 자리, 어머니 자리가 따로 있었다. 때때로 할머니나 할아버지가 방문하면 식탁에서의 상석 배치는 그에 따라 달라졌다. 그러나 이제는 밥상머리에서 자연스럽게 상석 매너를 익힐 수 있는 시대가 아니다. 한집에 살아도 각자 스케줄에 따라 혼자 밥을 먹고, 외식하러 나온 가족을 보면 다 큰 자식을 상석에 앉히고 부모가 하석에 앉는 광경도 심심찮게 목격한다.

시대가 변했어도 우리 인간에게는 상석을 차지하고 싶어 하는 본능이 여전히 내재되어 있다. 상석 개념이 전혀 없던 직원이 상석을 따질 때를 보면 안다. 같은 팀에서 대리 직급의 직원이 퇴사했을 때 후임으로 신입사원을 채용하기로 하면 사원 중 입사일이 가장 빠른 선임은 갑자기 책상을 정리한다. 후임으로 대리급이 아니라 사원급이 입사하니 당연히 퇴사한 대리의 자리는 자기 자리가 되리라는 상석 개념이 생겨나 옮길 준비를 하는 것이다.

상석을 따지는 것이 보수적이고 권위주의적이라고 할지도 모른다. 하지만 사람이 둘 이상만 모이면 상석 매너는 알게 모르게 작용한다. 겨우 자리 하나가 아니라 무려 자리 하나다. 그렇기에 G20 정상회담이나 국빈 방문이 있을 때 뉴스와 신문에서 회의석 자리 배치 예상도부터 만찬 좌석 배치도까지 민감하게 보도하는 것이다. 상석 순위를 통해 국가별 위상, 영향력, 국가 간의 관계 등 말로 표현되지 않는 미묘한 역학관계를 유추할 수 있기 때문이다.

직장에서도 마찬가지다. 상석 같은 것을 따지기 싫다는 상사의 말을 곧이곧대로 듣지 마라. 상사가 싫다는 것은 사실 상석이 아니다. 자연스럽게 상석으로 유도하면 되는데 상사를 상석에 앉히겠다며 호들갑을 떨어 어색한 상황을 만들고, 권위적인 상사로 비치게끔 분위기를 조성하는 그 행동이 싫을 뿐이다.

호칭에서 드러난 은밀한 속마음

한 언론 매체가 우리나라 대통령 영부인은 '김정숙 씨'로 부르고, 아베 일본 총리 부인은 '아키에 여사'로 불렀다가 누리꾼들의 뭇매를 맞은 적이 있다. 호칭 하나에도 민감한 것이 사람이다. 호칭 문제는 사소한 것 같아도 인간관계에서는 무척이나 중요하다. 별생각 없이 이름을 부르거나 잘못 호칭했다가 눈 밖에 나는 것은 순식간이다.

직장인이 하는 실수 중 빠지지 않는 것이 바로 호칭 실수다. 갓 승진한 사람일수록 호칭에 굉장히 예민하다. 승진했는데도 사람들이 새로운 직급으로 불러주지 않아 스트레스를 받는다. 이름을 잘못 부르면 다시 제대로 알려주면서 직급을 잘못 불렀을 때는 언짢아도 그냥 넘어간다. 과장인데 대리라고 불렀다고 해서 "저는 이제 대리가 아니라 과장인데요"라고 말하자니 직급에 연연해하는 사람처럼 보일까 봐 아무 말도 못 한다. 처음에는 '내가 승진한 걸 모르나?'라고 넘어가지만, 명함을 줬는데도 계속 대리라고 부르면 '뭐야? 과장이라고 부르기 싫은 거야?'라는 생각에 이내 불쾌해진다. 호칭 하나가 발단이 되어 결국 그 사람을 싫어하게 된다. 누가 그 사람에 대해 물으면 "글쎄요. 별로 인상이 안 좋더라고요. 딱히 이유가 있는 것은 아닌데 전 그냥 싫더라고요"라고 대답한다. 호칭 문제로 기분이 상했다고 솔직하게 털어놓으면 쪼잔해 보일까 봐 애매하게 둘러대는 것이다.

내 지인 중 한 명은 팀장으로 근무하던 회사를 퇴사한 지 한 달쯤 지났을 때 팀원으로부터 전화 한 통을 받았다. 업무와 관련해서 뭔가 확인할 사항이 있다며 전화한 것인데, 팀원은 더 이상 '팀장님'이라는 호칭을 사용하지 않았다. 대신 '○○씨'라고 불렀다. 그 호칭을 듣자 그는 잘 가르쳐주고 싶은 마음이 싹 사라졌다고 한다. "허허, 퇴사했다고 이제 팀장도 아니에요"라고 말하는 그의 목소리에는 불쾌함과 서운함이 가득했다.

사장이 된 지 10년이 넘은 지인의 페이스북에 '부장님'으로 시작하는 댓글이 달린 적도 있다. 이전 회사에서 부장 시절에 데리고 있던 직원이 여전히 그 당시의 직급으로 부르는 것이다. 다들 '사장님'이라고 부르는 것을 알면서도 이렇게 과거의 습관을 버리지 못하는 사람이 꼭 있다. 굳이 호칭 디플레를 할 필요가 있을까? 호칭 디플레는 비호감으로 가는 지름길인데 말이다.

반대로 호칭 인플레를 하면 호감을 살 수 있다. 직급 적용일 전에 승진하는 직급으로 미리 불러봐라. 손사래를 치면서도 좋아할 것이다. 단, 호칭 인플레를 할 때는 조심해야 한다. 듣기 좋으라고 '강사'를 '교수', '부사장'을 '사장'이라고 높였다가 자칫 상대를 곤경에 빠뜨릴 수 있다. '밖에서 저렇게 말하고 다니나 봐'라고 조직 구성원들이 오해하여 아니꼽게 볼 수 있기 때문이다.

호칭은 정확하게 불러라. 그냥 명함에 적혀 있는 공식적인 호칭을 부르면 된다. 그런데 명함에 적힌 호칭도 제대로 부르지 못하는 사람들이 있다. '지사장'을 '지점장'이라고 하거나, '대표 이사'를 '이사'라고 한다. 명함이 없거나 공식적인 호칭을 모른다면 어떻게 해야 할까? 어떻게 부르면 되는지, 직급은 무엇인지 물어보라. 질문하는 것이 멋쩍어서 그냥 자기 마음대로 불렀다가는 무례한 사람이라는 평가를 받을지도 모른다.

어떻게 부를지 물어보기 애매한 상황이거나, 굳이 이름과 직급을 알아야 하는 것이 아니라면 '선생님'이라는 호칭을 사용하라. '선생님'은 남녀를 불문하고 사용할 수 있을뿐더러 상대방에 대한 예의를 표현할 수 있어 안전하다. 나는 주차장, 경비실 등 회사

빌딩에서 일하는 분들을 '아저씨', '아줌마', '저기요'가 아닌 '선생님'이라고 호칭한다. 그러면 친절도와 사람을 대하는 눈빛이 순식간에 달라짐을 느낄 수 있다.

일 잘하는 사람은 기업의 승진 발표 시즌이 되면 고객사의 호칭 변경 사항을 정리해서 내부에 공유한다. 동료들이 호칭 문제로 실수하지 않게 하기 위해서다. 그뿐만 아니라 승진한 고객에게 전화나 이메일로 축하 인사를 전하고, 새로운 직함이 입에 붙도록 연습해둔다.

수평적인 관계를 유지하기 위해 직급 파괴를 외치는 회사들이 있다. 나는 직급 파괴에 회의적이다. 수평적인 조직 문화가 자리 잡지 못하는 진짜 원인은 직급의 문제라기보다 상사의 무서운 표정이나 권위적인 언행에 기인한다고 본다. 영어로 소통할 때는 상사의 이름만 불러도 되는데도 상사의 이름을 차마 부르지 못하고, 해외 지사에 있는 동료나 거래처 사람들은 편하게 이름을 부르면서 정작 자신의 상사에게는 깍듯하게 미스터Mr.나 미즈Ms.를 붙이는 조직이 있다. 심지어 사장님은 SJN, 이사님은 ISN처럼 한국 호칭의 이니셜로 호칭하기도 한다. 직급을 파괴한다고 수평적 조직이 되는 것이 절대 아니다.

외국계 글로벌 기업에서 줄곧 일해오고 영국인 남편과 살면서 알게 된 사실이 하나 있다. 동서양을 막론하고 호칭 문제는 매우 중요하다는 것이다. 언뜻 보기에 영어권 국가의 사람들은 서로의 이름을 그냥 부르는 것 같지만, 알고 보면 관계의 친밀도에 따라 호칭이 달라진다. 성姓을 부르는 사이, 이름을 부르는 사이, 애칭을 부르는 사이로 나뉜다. 비즈니스 현장에서 고객을 호칭할 때도 마찬가지다. 친한 사이거나 캐주얼한 분위기가 형성되었다면 이름을 불러도 무방하다. 그러나 초면이거나 보수적인 직업군에서는 대개 '미스터/미즈+성'으로 호칭하는 것이 안전하다. 상대가 편하게 이름을 불러달라고 하기 전까지는 말이다. 이것은 국제 비즈니스를 할 때 우리가 조심해야 할 부분이다. 서양 사람에게는 무조건 이름을 불러도 되는지 알고 다짜고짜 이름을 부르며 무례를 범하는 경우가 많다.

미국이나 영국 드라마를 유심히 봐도 알 수 있다. 로펌, 법원, 경찰서, 병원, 학교, 정치권 등 위계질서나 권위를 중시하는 조직에서는 이름이 아닌 직급에 맞는 존칭을 붙여 호칭한다. 예를 들면 맴(Ma'am, 여자 상사 존칭)/써(Sir, 남자 상사 존칭)/닥터Doctor+성/프로페서Professor+성/유어 아너(Your honor, 판사를 높여 호칭할 때)/프레지던트President+성 식이다.

서양의 가정에서도 윗사람의 이름을 함부로 부르지 않는다. 우리처럼 엄마/어머니, 아빠/아버지로 호칭한다. 우리가 '○○ 삼촌', '○○ 이모' 하듯이 '엉클Uncle ○○', '앤트Aunt ○○'로 호칭하고, 친구 부모님에게도 깍듯하게 '미스터+성', '미시즈Mrs.+성'으로 호칭하며 예의를 갖춘다. 호칭은 전 세계 어디서나 중요하다는 사실을 명심하자.

TIP 한국어로 소통 시 외국인을 어떻게 호칭해야 할까?

한국어로 대화할 때는 한국식 호칭법을, 영어로 대화할 때는 영어식 호칭법을 사용하면 된다. 다시 말해 한국 사람끼리 호칭할 때의 룰을 외국인에게도 그대로 적용하라. 직급이 없으면 '~씨', '~님', 직급이 있으면 '~과장님/팀장님/이사님', '~선생님'처럼 호칭한다. 개인적인 관계에서도 마찬가지다. '~형/오빠', '~누나/언니', '~선배'라고 호칭하라. 어떻게 호칭해야 할지 모르겠다면 "어떻게 부를까요?"라고 먼저 물어라.

한국에 사는 외국인들은 한국어와 한국 문화를 열심히 배운다.

한국어 교재에서는 한국식 호칭법을 가르쳐준다. 그런데 책에서 배운 것과 현실은 너무나 다르다. 우리는 호칭을 빼고 외국인의 이름을 막 부르기 때문이다. 이들은 마음속으로 고민한다. '왜 나에게만 이름을 부르는 거지?', '한국식 호칭으로 제대로 불러 달라고 할까? 기분이 나빠도 그냥 참아야 할까?'

11년간 한국에 살며 자신의 경험담을 《우리 옆집에 영국남자가 산다》라는 책으로 펴낸 영국인 칼럼니스트 팀 알퍼Tim Alper는 사무실에서 어린 후배들이 다른 사람한테는 '과장님', '선배님'이라고 하면서 자신에게만 '팀'이라고 이름을 부르면 기분이 상한다고 토로한다. 예의를 갖춰 부르기를 바라는 마음은 어느 나라 사람이나 똑같다.

얕잡아본 존댓말

"나는 이것 먹을래요", "어머, 나도 이거 좋아해요", "내가 할게요"처럼 윗사람에게 '나' 화법을 사용하는 사람들이 있다. '저'라고 말해야 할 공식 석상에서도 자신을 낮출지 모른다. '내가, 나는, 나도, 내 것'이라는 말이 사람들 입에서 튀어나오면 나는 'I, my, me, mine'이라고 외웠던 영문법책의 한 페이지를 떠올린다. 사람들이 영어 공부를 너무 열심히 해서 생긴 부작용일까? 주어가 '나'로 시작되니 서술어에서 존댓말 실수는 이미 예견된 일이다. 한두 번이면 귀엽게 봐줄 수 있고, 실수라고 여기며 지나갈 수 있다. 하지만 이들은 존댓말의 어떤 부분이 잘못되었는지 모른다는 것이 문제다. 사람 사이의 존댓말에는 그렇게 인색하면서 "커피 나오셨어요", "가격이 비싸세요"와 같이 무생물이나 사물 등에 극존칭을 쓰는 모습을 보면 참 흥미롭다.

존댓말을 잘 쓴다고 해서 칭찬받고 인정받는 일은 없으니 존댓말에 대해 크게 신경 쓰지 않는 듯하다. 요즘은 영어를 잘하는 사람보다 존댓말을 잘 쓰는 사람이 점점 귀해지고 있다. 면접을 봐도 영어를 잘하는 사람보다 존댓말을 잘 쓰는 사람이 더 눈에 띈다. 취업하려면 영어를 잘해야 하니까 존댓말은 뒷전이 된 셈이다. 그러나 실제 비즈니스 현장에서는 어쨌거나 한국어 실력이 좋아야 한다. (한국에서 한국 사람들과 일한다면) 영어보다 한국어로 소통할 일이 훨씬 많기 때문이다.

유창한 영어와 뛰어난 스펙에 글로벌 인재감인 줄 알았다가 한국어 구사 수준이 떨어져서 실망할 때가 있다. 영어 스펙만 챙기느라 한국어의 존댓말, 맞춤법, 문법은 등한시한다. 그래서인지 채용 요건에 영어뿐 아니라 한국어도 유창해야 한다는 조건이 추가되는 추세다.

어렸을 때 존댓말을 쓰고 자란 아이와 반말을 쓰고 자란 아이의 10년 후는 다르다는 말을 들은 적이 있다. 나는 직장에서 존댓말을 제대로 쓰는 직원과 그렇지 않는 직원의 10년 뒤도 다를 것이라고 생각한다. 존댓말은 단순한 비즈니스 매너 그 이상이다. 공감 능력이 떨어지는 사람을 보면 자기보다 나이가 한두 살이라도 어리면 무조건 반말을 쓰고 보는 경향이 있다. 마치 많은 나이가 반말을 해도 된다는 권한을 부여한 것처럼 반말을 권력처럼 휘두르며 상대의 기분을 상하게 한다.

귀에 거슬리는 존댓말을 들을 때마다 '나는'을 '저는', '내가'를 '제가', '내 것'을 '제 것'이라고 지적할 수도 없다. 친하지도 않은 사이인데 나보다 몇 살 많다고 갑자기 반말로 훅 들어올 때 왜 반말을 하시냐고 물어볼 수도 없다. 꼰대 소리를 듣거나 존댓말 하나로 따지고 드는 까다로운 사람이라고 취급받기 십상이다. 그래서 쪼잔해 보이지 않으려고 찜찜해도 그냥 말없이 넘어간다.

깍듯함을 바라는 것은 인간의 본성이고, 프로페셔널의 기본자

세다. 존댓말은 단순히 나이의 많고 적음, 상하관계에서 쓰는 언어 높임법이 아니다. 서로를 프로페셔널로 대하는 존중의 표현이다. 나이와 직급을 떠나 직장에서 함께 일하는 사람에 대한 예의를 존댓말에 담자. 존댓말 하나로 인간관계에서 주는 것 없이 얄미운 미운털을 심을 수도 있고, 참 괜찮은 사람이라는 좋은 인상을 심을 수도 있다.

영어에 존댓말이 없다고 생각하는 사람들은 우리가 존댓말을 너무 따지는 경향이 있다고 투덜댄다. 하지만 영어에서도 존댓말에 해당하는 예의어Polite Words가 존재한다. 상사나 선배에게 하는 말, 고객에게 하는 말, 부하직원에게 하는 말을 잘 들어봐라. 예의어는 기본이다. 부탁할 때는 윗사람이든 아랫사람이든 '플리즈please'를 붙이고, 격식을 차려야 할 때는 같은 의미의 단어 중 더 정중한 단어를 선택한다. 영어에서도 우리가 상대를 높이고 자신을 낮추는 존댓말을 쓰듯 예의를 갖춘다. 그렇지 않으면 무례한 사람으로 취급받는다.

한국을 넘어 글로벌 무대에서도 중요한 존댓말. 모국어인 한국어 존댓말도 못 하는 사람이 과연 영어의 예의어를 제대로 구사할 수 있을까? 존댓말을 잘하고 말고는 언어의 문제라기보다 인식의 문제이자 인성의 문제다. 자신을 낮추고 상대를 높이기 위해서는 우선 말에 실수가 없어야 한다. 존댓말은 커리어에서 빼놓을 수 없는 중요한 요소다. 존댓말 얕잡아보지 말자.

TIP 존댓말을 쓸까 말까?

상대가 스무 살이 넘은 성인이라면 존댓말을 대화의 기본값으로 설정하라. 상대가 말을 놓으라고 했어도 존댓말을 하는 편이 낫다면 존댓말을 유지해야 한다. 반말을 했다 후회할 일은 있어도 존댓말을 했다 후회할 일은 없다.

존댓말을 쓰면 관계가 멀게 느껴져서 불편하다는 사람이 있다. 반말을 듣는 사람이야말로 훅 하고 들어온 반말로 신경이 거슬리고 불편하다고 할지 모른다. 존댓말을 정 쓰기 싫다면 존댓말을 안 써도 되는 편한 사이가 되도록 인간관계에 공을 들여라. 친해지면 누가 뭐라고 할 것도 없이 자연스럽게 말을 놓게 되는 때가 온다. 사적으로 서로 말을 놓는 사이가 되었더라도 공적인 자리에서는 반드시 존댓말로 예우하라.

윗사람과 아랫사람 칭찬하는 법

제대로 된 칭찬은 듣는 순간 절로 미소가 지어지고, 생각하면 할수록 기분이 좋아져야 한다. 칭찬을 들었는데 뭔가 찜찜한 마음이 들고, 그 말의 의도나 말투를 자꾸 곱씹게 된다면 결과적으로 칭찬이라고 할 수 없다. 이를테면 "안 그럴 것 같은데", "못할 줄 알았는데", "의외로 잘한다"라는 말로 시작하는 칭찬이 그렇다. 이런 말은 시간이 지날수록 곱씹어 보게 된다. '내가 왜 못할 것 같다고 생각했을까?', '내가 안 그럴 것처럼 보이나?', '그동안 나를 어떻게 본 거지?'라는 생각이 꼬리를 물고 이어지게 된다.

불필요한 말은 빼고 깔끔하게 칭찬만 하자. 좋은 말을 해준다고 해서 무조건 좋은 칭찬이 되지는 않는다. 특히 윗사람을 칭찬하거나, 아랫사람을 칭찬할 때 약간의 기술이 필요하다. 직장에서 인정받고 존중받는 사람들은 칭찬 한마디도 어딘지 모르게 남다르다. 말 한마디로 천 냥 빚, 아니 만 냥 빚도 갚는다.

윗사람 칭찬하기

자기보다 나이가 많은 윗사람을 칭찬할 때는 주의가 필요하다. 좋은 뜻으로 한 칭찬이 의도와는 전혀 다른 해석을 나을 수 있기 때문이다. "잘하시네요", "잘하셨어요"는 분명 잘했다는 칭찬이다. 그러나 이 말을 할 때 말투나 표정이 부적절하면 윗사람을 평가하는 건방진 말로 둔갑할 수 있다. 듣는 사람의 기분에 따라 자칫 '애가 나를 평가하네?'처럼 들릴 수 있다. 윗사람을 칭찬할 때는 평가하는 식의 칭찬은 하지 말고, 공감 또는 질문의 형식으로 표현해보자.

"팀장님, 프레젠테이션 너무 잘하세요."
→ "팀장님, 프레젠테이션 하실 때 너무 멋있어요."

"선배님은 참 잘 가르치시네요."
→ "선배님이 가르쳐주시면 이해가 잘되고 귀에 쏙쏙 들어와요."

"부장님, 영어 너무 잘하세요."
→ "부장님, 어떻게 하면 부장님처럼 영어를 잘할 수 있어요?"

칭찬하려는 의도는 같아도 표현하는 방법에 따라 듣는 사람이 느끼는 감정은 달라진다. 칭찬하려다 도리어 예의 없는 사람이라는 인상을 남긴다면 아무 말도 안 하느니만 못하다. 생각하면 할

수록 흐뭇해지는 칭찬 한마디는 힘이 세다. 사람들의 마음속에 오래도록 남고 큰 호감을 만들어낸다. 칭찬에 인색한 상사일수록 사소한 칭찬에 약하다. 윗사람을 제대로 칭찬하면 윗사람이 꼭 챙기고 아끼는 직원이 된다. 그 사람에 대해 칭찬만 했을 뿐인데, 오히려 자신의 평판이 좋아지는 경험을 하게 될 것이다.

아랫사람 칭찬하기

윗사람에 대한 칭찬 못지않게 아랫사람에 대한 칭찬도 중요하다. 사회 초년생인 신입사원이나 인턴은 상사나 선배의 칭찬을 통해 자기가 일을 잘하고 있는지, 회사에 잘 적응하고 있는지 가늠하기 때문이다. 다부지게 일을 하지 못해서 딱히 칭찬할 것이 없을지도 모른다. 예의 없어 보이고 눈치 없어 못마땅할 수도 있다. 그럴수록 필요한 것은 정말 사소한 칭찬이다.

"어머, 젓가락질을 참 잘하네"라고 했을 뿐인데, 신기하게 태도가 좋아진다. "○○씨가 추천해준 맛집 너무 괜찮더라. 어떻게 그런 곳을 알아냈어?"라고 했을 뿐인데, 회식이나 세미나 장소 선정 시 사명감을 가지고 좋은 장소를 찾는 데 도움이 되려고 한다. "전화 목소리가 너무 좋다. 목소리랑 말투에서 신입 티도 안 나고 프로페셔널해"라고 했을 뿐인데, 상사나 선배가 일하는 모습을 더 주의 깊게 관찰하며 다른 업무도 꼼꼼하게 처리하려는 모습을 보여준다. "열심히 노력하는 모습이 참 기특해"라고 했을 뿐인데, 하찮은 일도 성실하게 하려는 모범적인 태도를 취한다. 이런저런 말 다 필요 없이 이 세 가지만 잘해도 된다.

"수고 많았다."
"고맙다."
"역시(엄지 척)!"

사소한 칭찬이나 노고를 인정해주는 윗사람의 말 한마디는 아랫사람에게 큰 힘이 된다. 좋은 면을 봐주는 사람에게 더 나은 모습을 보이고 싶고, 더 잘하고 싶고, 더 잘 따르고 싶은 것이 인간의 본성이다. 사소한 칭찬은 아랫사람을 생각해서 더 잘하라고 해주는 조언, 충고, 훈계보다 더 힘이 세다. 진심에서 우러나오는 따끔한 조언을 해주고 싶다면 그 조언을 받아들일 수 있도록 마음을 여는 워밍업이 필요하다. 평소 애정 어린 관심을 가지고 사소한 것도 칭찬하며 자신을 아껴주는 윗사람의 조언은 따끔한데도 고맙게 받아들이게 된다. 누구나 자신을 알아주는 사람에게 마음을 연다는 점을 기억하자.

전화, 문자 메시지, 이메일, 메모

전화로 별것 다 말하는 직원

고객에게 전화를 걸었더니 부하직원이 전화를 대신 받아 친절하게 응답한다. "팀장님께서 잠깐 자리 비우셨는데요. 화장실에 가신 것 같아요." 몇 분 후에 다시 전화했더니 아까 그 직원이 민망해하며 말한다. "아직 안 오셨는데요." 그 순간 우리 둘 다 속으로 비슷한 생각을 했을 것이다. '화장실에 거참 오래 계시네.'

별것 다 말해주는 부하직원은 사실 어느 회사에나 있다. "병원에 가셨는데 아직 안 들어오신 것 같아요", "은행에 가셨는데요", "외국에서 손님이 오셔서 지금 미팅 중이세요"와 같이 묻지도 않은 것까지 상세하게 말해준다. 심지어 어떤 직원은 현장 생중계도 한다. "부장님이 계시긴 한데 지금… 어… 다른 분하고 말씀을 나누시는 중이라… 아, 이제 말씀 끝나신 것 같아요. 바꿔드릴게요." 이런 상황은 우리 사무실에서도 일어났다. 물을 한 잔 마시러 방에서 나온 사이 내 직통 전화벨이 울렸다. 얼른 물을 떠서 방으로 돌아가는데, 한 직원이 내 전화를 센스 있게 당겨 받았다. 여기까지는 좋았다. 뒤이어 생중계가 시작되었다. "잠깐 자리 비우셨는데요. 아, 잠시만요. 지금 방으로 들어가고 계시네요. 연결해드릴게요."

미국 해외 출장지에서 한밤중에, 고속도로에서 운전 중에, 고객사 미팅 중에 모르는 사람의 전화가 자꾸 걸려온 적이 있다. 제품을 납품하고 싶다거나, 국제 콘퍼런스에 참가하라는 홍보성 전화였다. 그냥 넘기려다 자꾸 걸려오는 통에 전화를 건 사람에게 내 연락처를 어떻게 알았는지 물었다. 우리 회사 대표 번호로 전화해서 "사장님과 통화할 수 있을까요?"라고 했더니 직원이 내 휴대폰 번호를 바로 알려줬다고 했다. 범인은 새로 입사한 직원이었다. 전화한 사람의 신원이나 용건에 대한 확인 없이 누가 나를 찾으면 무조건 "휴대폰으로 연락해보시겠어요?"라며 내 연락처를 알려준 것이다. 전화를 건 사람은 내 이름조차 몰랐다. 그저 '사장님'을 찾으며 세일즈 콜을 한 사람에게 이 직원은 내 정보를 넘겼다. 다른 회사에서 1년 정도 일한 경력이 있어서 기본적인 전화 응대 매너는 당연히 알 줄 알았더니 아니었다.

상사뿐 아니라 동료를 찾을 때도 마찬가지다. 간단하게 지금 통화하기가 어렵다거나, 부재중이니 메모를 남기라고 하거나, 다시 전화를 하라고 하면 될 것을 전화를 받는 직원들은 상사나 동료의 일거수일투족을 왜 이리 상세하게 전화기 너머 낯선 사람에게 말하는 것일까? 상대방은 그저 "○○님 계세요?"라고 물었을 뿐인데.

누군가 사무실로 전화해서 상사나 동료의 휴대폰 번호, 이메일 주소를 물어본다면 이 정도쯤은 추측해볼 수 있어야 한다. 서로 잘 아는 사이가 아니거나, 알아도 그다지 친한 사이는 아닐 것이다. 이런 경우 연락처를 함부로 알려줬다가는 미운털이 박히기 십상이다. 상사나 동료의 연락처를 알려주는 대신 지혜롭게 전화한 사람의 연락처를 역으로 받아서 전달하겠다고 하라.

이렇게 물어볼 수도 있다. "괜찮으시다면 제가 대신 도와드릴까요?" 사실 전화를 받은 직원 선에서 처리할 수 있는 일이 의외로 많다. 특히 상사나 동료가 휴가 중이거나 해외 출장일 때는 바로 도움을 제안하라. 전화한 사람은 누구에게 도움을 요청해야 할지 몰라 아는 사람을 찾고 있는지도 모른다. 어쩔 수 없이 연락처를 알릴 수밖에 없는 상황이었다면 상사나 동료에게 바로 연락해서 '○○○에게 전화나 이메일이 갈 것'이라고 미리 알려라.

전화를 받는 일이 하찮다는 듯이 어떻게든 전화를 안 받으려는 직원이 있는가 하면, 걸려오는 전화 한 통화 한 통화 밝은 목소리로 프로페셔널하게 받는 직원이 있다. 전화 통화도 기술이라 끊임없는 훈련이 필요하다. 전화를 거는 것은 자기가 할 수 있어도 받는 것은 남이 해줘야 한다. 굴러 들어오는 기회를 남에게 주지 마라. 전화를 대하는 사소한 모습을 통해 우리는 본능적으로 어떤 사람인지 느끼고, 그 일에 적임자인지 판단을 내린다.

회사의 기밀 사항을 공유할 만한 직원인지 아닌지를 판단할 때 나는 평소 그 직원의 전화 통화를 하는 모습을 참고하라고 조언한다. 글을 쓸 때는 생각을 하면서도 전화 통화를 할 때는 생각의 필터링을 거치지 않고 할 말 안 할 말 분별없이 내뱉는 직원이 의외로 많다. 전화 통화로 소통하는 직원의 업무 처리 기술은 그 사람에 대해 더 잘 알게 해준다.

사람들은 정말 기본 중의 기본이라고 여기는 것은 오히려 말하지 않는다. 비즈니스에서 전화 통화가 그렇다. 전화가 너무 친숙하다 보니 전화 통화력을 과소평가한다. 전화 통화 기술은 직장인에게 이메일이나 문서 작성 역량 못지않게 중요하다. 당신은 전화 통화로 호감을 주는 사람인가, 인상을 흐리는 사람인가?

TIP 전화 통화에서 하지 말아야 할 것

- 전화 통화 도중 모르는 내용이 나와 옆자리 동료에게 물어볼 때 뮤트 기능을 사용할 줄 몰라 손으로 수화기를 막거나, 살짝 옆으로 돌려서 말하지 마라. 상대방에게 다 들린다. 뮤트 기능 사용에 익숙해져라.

- 전화를 다른 사람에게 전환하는 법에 익숙지 않아 전화를 돌리다 끊기게 하지 마라. 전환하는 법을 모르면 차라리 내선 번호를 안내하라.

- 전화 통화 후 상대방이 전화를 끊기도 전에 전화를 확 끊지 마라. 기분 나쁘다. 상대방이 전화를 끊을 때까지 계속 기다릴 필요는 없다. 2초만 있다가 끊어라.

- 전화기에 대고 숨을 내뿜지 마라. 특히 콘퍼런스 콜을 할 때 이런 사람은 최악이다.

문자 메시지에서 실종된 예의

요즘은 대면 보고, 이메일, 전화보다 카톡이나 문자 메시지로 바로바로 소통하고 일을 처리한다. 특히 카톡은 시간에 관계없이 내가 원할 때 일방적으로 메시지를 보내놓는 특성이 강하다. 이메일 에티켓은 관련된 책을 참고하거나 직장에서 선배에게 배우기도 하지만, 카톡 에티켓은 사실 어디서 누구에게 제대로 배운 적 없다. 그냥 앱을 깔고 사용하게 된 것이다. 그래서일까? 카톡이나 문자 메시지 소통 예절이 절실하다. 상사들이 문자 메시지를 받고 자기도 모르게 연연해하는 몇 가지 기준을 한번 살펴보자.

1. 문자 길이의 균형을 맞춰라

상사는 부하직원보다 말을 더 많이 하는 경향이 있다. 대면해서 대화를 나누거나 전화 통화를 할 때 상사가 말하면 부하직원은 짧게 대답하는 식이다. 그러나 카톡이나 문자 메시지에서는 다르다. 문자 길이의 균형이 은근히 중요하다. 단답식으로 쓰는 것보다 차라리 조금 더 길게 쓰는 편이 낫다.

상사 김 대리, 이번 주 금요일까지 요청한 자료 보내줄 수 있어요?

부하 네~

상사 김 대리, 이번 주 금요일까지 요청한 자료 보내줄 수 있어요?

부하 팀장님, 가능합니다. 최대한 빨리 해서 보내드릴게요.

2. 호칭을 부르고 대화를 시작하라

호칭을 부르고 안 부르고는 의외로 큰 차이를 낳는다. 호칭을 부르면 공손한 느낌이 전달되어 대화가 한결 부드럽게 흘러간다. 호칭을 생략하고 대화의 본론으로 바로 들어가면 메시지를 받는 사람은 본능적으로 방어적인 자세를 취한다.

부하 사무실에 언제쯤 들어오세요?

상사 (왠지 모르게 기분이 나빠진 상사는 공격적으로 대답한다) 왜요?

부하 결재받을 게 있어서요.

상사 두 시간 후쯤요.

부하 알겠습니다.

부하 팀장님, 사무실에 언제쯤 들어오세요?

상사 두 시간 후쯤 도착할 것 같아요. 무슨 급한 일 있어요?

부하 결재받을 게 있어서요.

상사 아, 미팅 마치고 빨리 들어갈게요. 이따 봐요~

부하 네, 조심히 오세요~

3. 'ㅋㅋㅋ'에 신중하라

딱히 뭐라고 대답해야 할지 애매할 때 ㅋㅋㅋ만큼 활용도 좋은 것은 없다. 그러나 ㅋ을 쓸 때와 안 쓸 때를 잘 구별해서 사용해야 한다. ㅋ을 쓸 때는 그 개수도 신경 쓰자. 의외로 소심한 상사는 직원이 별생각 없이 붙인 ㅋ의 개수에 의미를 부여하기 때문이다. 특히 ㅋ을 한 개만 사용하는 것은 주의해야 한다. 콧방귀를 뀌는 느낌 또는 깐죽거린다는 느낌을 줄 수 있다. 이왕 쓸 거면 한두 개만 더 써라.

상사 이 대리, 내일 2시로 예정된 미팅을 한 시간 연기합시다.

부하 네ㅋ

상사 고마워요.

부하 ㅋㅋ

→ ㅋ을 꼭 붙여야 했을까? ㅋ 사용으로 사람이 가벼워 보이기까지 한다. 소심한 상사라면 '뭐야, 웬 ㅋ?' 하면서 속으로 별의별

생각을 할지도 모른다.

상사 이 대리, 내일 2시로 예정된 미팅을 한 시간 연기합시다.

부하 네, 알겠습니다. 그럼 내일 3시로 알고 있겠습니다.

상사 고마워요.

→ 봐라. ㅋ을 붙이지 않아도 대화에 전혀 문제가 없다.

적절한 ㅋ은 분위기를 좋게 만든다. 특히 상사가 재미있는 이야기를 했을 때 "너무 재미있어요~"라고만 말하는 것보다 "너무 재미있어요~ ㅋㅋㅋ"이라고 하면 그 느낌이 더 잘 전달된다. 그럼 신이난 상사도 ㅋㅋㅋ으로 화답할 것이다.

4. 이모티콘을 적절히 활용하라

이모티콘을 남발하면 사람이 너무 가벼워 보인다. 하지만 때에 맞는 적절한 이모티콘은 그 사람의 센스와 진심을 더 효과적으로 전달해준다. 이모티콘만으로도 대화가 가능할 때도 있지 않은가.

간혹 이모티콘을 잘못 보내는 실수를 할 때가 있다. 웃는 표정을 보낸다는 것이 그 옆의 화난 표정을 보냈다면 '어머, 어떡해' 하며 당황하지 말고 "이모티콘을 잘못 보냈어요"라고 정정한 후 다시 보내라. 그래야 유치한 오해가 생기지 않는다.

5. 마지막 대화는 아랫사람인 나로 끝내라

전화 통화를 할 때 윗사람이 전화를 끊고 난 후에 끊는 것이 기본 예의이듯 메시지의 마지막도 아랫사람의 메시지로 끝내라. 상사가 "고마워요", "수고 많았어요", "내일 봅시다"의 메시지를 보냈을 때 대화가 거기서 끝나버리면 상사의 찌질 본능은 꿈틀댄다. 무슨 답을 기대한 것은 아니지만, 메시지를 확인하고 아무 답 없는 직원이 좀 괘씸하다. "감사합니다", "내일 뵙겠습니다"라는 식의 메시지로 끝맺음 대화를 장식하라. 상사가 그 메시지를 받고 다시 이모티콘을 보내온다면 그것으로 대화를 끝내도 괜찮다. 전화를 먼저 못 끊는 사람처럼 메시지 끝맺음도 먼저 못 하는 마음 약한 사람이 있으니까.

6. 가능한 한 빨리 답장하라

사람은 본능적으로 답장 속도로 충성도나 호감도를 판단한다. 자기가 중요하게 생각하는 사람, 좋아하는 사람에게는 즉각적으로 반응하는 것이 일반적이기 때문이다. 빨리 답해주기 시작하면 계속 빨리 답해야 한다며 상사 길들이기 차원에서 뜸 들였다 답한다는 직원도 있다. 하지만 상사 입장에서는 빨리 답하는 직원이 예쁠 수밖에 없다.

상사의 메시지에 바로 답하기 싫어서 일부러 그랬든, 어쩔 수 없는 상황이라 메시지 확인이 늦어졌든 즉시 답장을 보낼 수 없었다면 답장할 때 놓치지 말아야 할 예의가 있다. 대화의 본론으로 들어가기 전에 '답변이 늦어져서 죄송합니다'라고 언급하라. 이런 말을 생략한 채 질문에 대한 답변만 하고 만다면 미운털 하나를 스스로 심는 셈이다.

7. 일방적인 메시지를 삼가라

상사에게 메시지를 보냈는데 확인하지 않는다면, 확인했는데 답장이 없다면 어떻게 해야 할까? 추가로 더 보내야 할 메시지를 다 보내놓는 것이 좋을까? 하고 싶은 말이 더 있더라도 일단 첫 번째 보낸 메시지에 대한 답장을 기다리는 것이 좋다. 어느 정도 기다렸는데도 답장이 없다면 전화를 하라. '나중에 확인하겠지'라며 여러 개의 메시지를 보내놓으면 상사는 메시지 폭탄을 받은 기분이다. 전화도 안 받는다면 분명 연락할 상황이 아닌 것이다. 이럴 때는 '메시지 확인하시면 전화 부탁드립니다'라는 메시지를 남겨라. 해당 내용을 미리 전달해야 한다면 '연락이 닿지 않아 전달 사항을 먼저 보내드립니다'라고 언급하자.

이메일을 보면 당신이 보인다

이메일을 받으면 우리는 가장 먼저 이메일을 보낸 사람을 떠올린다. 한 번도 만나본 적 없는 사이라면 이메일은 그 사람의 첫인상이다. 서로 알고 지내온 사이라도 비즈니스 이메일을 직접 주고받기 전에는 그 사람에 대해 잘 안다고 할 수 없다. 이메일은 그 사람에 대한 사소하지만 중요한 단서를 제공하기 때문이다.

피터 드러커Peter Drucker는 비즈니스맨은 다른 사람과 의사소통하는 능력에 따라 평가된다고 했다. 이메일이야말로 직장인의 대표적인 의사소통 수단이다. 이메일 내용은 흠잡을 데 없이 잘 쓰고도 한소리 듣는 사람들이 있다. 다음은 이메일을 주고받을 때 특히 주의해야 할 점들이다.

1. 이메일 서명

잘 모르는 사람에게 이메일을 받았을 때 가장 먼저 확인하게 되는 부분이다. 이메일 하단의 서명란에는 대개 이메일 발신자의 이름, 직함, 부서명, 회사명, 연락처 등에 대한 정보가 기재되어 있다. 그 정보를 통해 그 사람이 누구인지, 신뢰할 만한 사람인지 파악한 후 이메일 내용을 읽는다.

이메일 내용에서 어느 회사의 누구라고 밝혔어도 서명란에 정보가 없으면 그 사람과 그가 속한 회사가 그다지 프로페셔널하지 않다는 첫인상을 갖게 된다. 그래서 대기업이나 외국계 글로벌 기업은 이메일 하단의 서명란에 무척 신경 쓴다. 반드시 들어가야 할 정보와 디자인을 통일하고, 직원들이 이메일 발송 시 이메일 서명을 누락하지 않도록 자동으로 설정해둘 정도다.

회사 차원에서 챙기지 않으면 직접 챙겨라. 서명란에는 이름, 직함, 부서명, 회사명, 회사 홈페이지, 전화번호, 회사 로고를 포함한다. 단, 정보를 과다하게 담은 나머지 서명란 파일이 너무 커서 이메일 용량을 많이 차지하지 않도록 하자.

특히 전화번호는 서명란에서 참 중요하다. 기존에 만난 사이가 아닐 경우 이메일 서명란에 전화번호가 없으면 직접 통화를 하고 싶어도 할 길이 없다. 답장을 보낸 후 상대방이 전화를 해올 때까지 마냥 기다려야 한다. 서로 명함을 교환한 사이라고 해서 당연히 전화번호를 알 것이라고 가정해서도 안 된다. 휴대폰이나 전화번호 리스트에 연락처를 업데이트해두지 않을 수도 있기 때문이다. 이메일 서명란은 이외에도 업무에 참고할 만한 중요한 단서를 제공한다.

외국인이라 외국에 계시는 줄 알았어요

프랑스에 본사를 둔 회사의 외국인 고객이 우리 회사의 고객 서비스팀에 전화를 해서 팔로업을 요청한 적이 있다. 이 고객은 고객 서비스팀으로 이메일을 보낸 후 다급한 사안이니 이메일을 확인해달라며 전화까지 했다. 영어가 유창한 고객 서비스팀 담당자는 친절하게 전화 응대를 했다. 점심 식사를 하고 있는데, 그 외국인 고객이 왜 아직도 답장이 없느냐며 화난 목소리로 나에게 전화를 걸어왔다. 전화를 응대했던 담당자에게 어찌된 일인지 물어보니 "외국인이라서 외국에 계신다고 착각했어요. 시차가 있으니 점심 식사 후에 회신하려고 했는데…"라는 답이 돌아왔다.

이메일 하단의 서명란을 봤다. 전화번호가 서울 강남 쪽이다. 물론 전화번호가 강남 지역이라고 해서 그 고객이 서울에 있으리는 법은 없다. 해외 출장 중일 수도 있으니까. 최소한 외국인이라고 외국에서 전화했다고 단정하는 일은 없어야 한다.

높은 분인 줄/고객인 줄 몰랐어요

이메일 하단의 서명란을 보면 발신자의 직함이 나온다. 사원인지, 매니저인지, 디렉터인지 직급을 볼 수 있다. 그런데 이메일 내용에만 꽂혀 정작 자기가 누구와 대화를 하는지 확인하지 않는 사람이 많다.

이따금 이메일을 주고받는 당사자 외에 이메일 참조(Cc)에 걸린 다른 사람이 이메일 중간에 개입할 때가 있다. 대개 그 사안에 대해 알아야 하는 상사나 동료가 이메일 참조에 포함된다. 참조에 걸린 누군가가 이메일에 관여해서 대화를 이어가면 '누군데 왜 끼어드는 거지?'라며 이방인 대하듯 거리를 두곤 한다. 실담당자의 상사인데도 말이다. 해외 지사의 동료들과 주고받는 이메일이니 참조에 걸린 사람들 역시 동료라고 여기는 사람도 있다. 고객이나 업무 파트너와 같이 외부인일 수도 있는데, 눈치 없이 내부적으로만 알아야 할 사항을 공유하거나 약어를 남발한다.

실제로 미국 지사 담당자와 어떤 안건에 대해 주고받던 이메일에 그와 관련된 고객이 참조에 걸려 있었다. 이메일을 주고받는 과정에서 고객이 개입해서 대화를 이어나갔는데, 우리 측 직원은 미국에서 온 이메일이니 당연히 미국 지사 동료라고 여기고 격식 없이 답장을 해버렸다. 미국 지사장이 그 이메일을 포워드

해주며, 중요한 고객에게 이렇게 예의 없는 메일을 보내는 직원이 있으니 조심해달라고 당부했다. 고객사 이메일 하단의 서명란을 보니 고객사명과 부사장Vice President이라는 직함이 떡하니 쓰여 있었다.

2. 수신과 참조 제대로 못 거는 사람

요즘 이메일을 못 쓰는 사람은 없다. 신입사원도 어지간하면 지적할 것 없이 잘 쓴다. 그런데 종종 실수하는 일이 있다. To(수신)와 Cc(참조)에 걸 사람을 잘못 선택하는 일이다. 이메일을 단 한 사람에게만 보낸다면 이런 고민을 할 필요가 없다. 그러나 직장에서 주고받는 이메일은 여러 사람이 개입될 때가 많다. 이메일을 쓰는 것보다 To와 Cc를 걸 때 더 고민된다는 직장인들의 마음이 십분 이해된다. "왜 나를 Cc에 건 것이냐", "내가 담당자도 아닌데 왜 To로 걸었냐", "왜 나를 Cc에 걸지 않았냐"라는 항의를 받을 수 있기 때문이다.

이메일만 제대로 받았으면 됐지 To와 Cc가 뭐 그리 중요하냐고 반문할 수도 있다. 비즈니스 이메일에서 To와 Cc는 각기 나름의 의미를 지닌다. 특히 여러 나라 동료들, 여러 명의 사람들과 이메일로 일할 때 To와 Cc 선별은 굉장히 중요하다.

To: 이메일 내용에 대해 실질적으로 조치를 취하거나 실행할 사람을 걸어라. 한 명이면 가장 좋다. 여러 명이 각각 실행해야 할 내용이 있다면 각각의 사람을 언급하며 원하는 행동을 말하라. 그렇지 않으면 '나 말고 다른 사람이 하겠지'라고 생각하고 떠넘기기 십상이다.

Cc: 이메일 내용에 대해 참고적으로 알아야 할 사람을 건다. 같은 부서의 동료, 협업하는 다른 부서의 동료, 내용을 알고 있어야 하는 직속 상사가 포함된다. 직속 상사를 빼고 상사의 상사만 포함하는 일은 없도록 한다. 직속 상사를 건너뛴 행위나 다름없다. 업무 당사자 외에 군이 상사나 다른 사람이 알 필요가 없는 경우에는 Cc에서 빼도록 한다. 불필요한 이메일을 확인하는 일을 만들고 시간을 쓰도록 하는 것, 다른 사람의 이메일 박스 용량을 차지하는 것 모두 민폐다. 관련 없는 이메일인데 계속 Cc에 걸린 사람은 당신의 이메일을 스팸으로 취급하거나, 참다못해 "제발 나를 이메일에서 빼달라"고 회신할 것이다.

Bcc(숨은 참조): To와 Cc에 있는 사람만 이메일을 받는 것이 아니다. 겉으로 보이지 않아도 남모르게 이메일을 받아볼 수 있다. Bcc 기능은 주로 다음 세 가지 경우에 이용된다.

상사를 Cc에 걸면 다른 사람들이 부담스러워할 때

반드시 상사에게 귀띔을 하자. 자신이 Bcc에 걸린 줄 모르는 상사는 뜬금없이 답장을 보내 여러 사람을 놀라게 할 수 있다.

상사가 Bcc에 걸어달라고 요청할 때

업무를 지시한 상사는 이메일을 제대로 보냈는지 궁금할 수밖에 없다. 그래서 이메일을 보낼 때 Bcc에 걸어달라고 요청하곤 한다. 상사가 Bcc를 걸어달라고 요청한 경우가 아니라면 Bcc는 남발하지 않는다. 대신 이메일을 보낸 후 상사에게 보고하라. Bcc 기능 대신 포워드 기능을 이용하여 "요청하신 대로 이메일을 아래와 같이 발송했습니다"라고 간단히 이메일을 보내놓으면 상사를 안심시킬 수 있을뿐더러 피드백이나 이어지는 업무 지시를 답장으로 받을 수 있다. 상사가 이메일 내용을 따로 볼 필요가 없다면 안건에 따라 구두상으로 보고하면 된다.

전체 공지 이메일을 보낼 때

전체 직원이나 수많은 사람에게 이메일을 보내야 할 때가 있다. 이때 사람들을 To나 Cc에 건다면 그 메일을 받는 사람들이 별생각 없이 전체 답장을 하는 바람에 스팸 메일이 난무한다. 특히 고객에게 보내는 이메일의 경우 원치 않는 사람에게 서로의 이메일 주소가 공개되어 프라이버시 문제가 생길 수 있다. 이럴 때 Bcc 기능은 요긴하다.

정리하면 다음과 같다.

- To: 이메일 발신자인 본인의 이메일을 적는다. To에 이메일 발신자의 메일이 걸려 있는 것을 보면 사람들은 여러 사람에게 보낸 메일인지 짐작할 것이다.
- Cc: 비워두거나 참조란에 꼭 걸려야 할 사람의 이메일을 적는다.
- Bcc: 이메일을 받아야 하는 수신자 리스트의 이메일을 모두 적는다.

수많은 사람이 이메일을 받더라도 답장은 이메일 발신자인 본인과 Cc에 걸린 사람에게만 올 것이다. 이메일 수신자들이 '이메일 잘 받았다'라는 형식적인 수신 확인 이메일 회신에 시달리지 않게 해주는 방법이다. To와 Cc를 걸 때마다 갈등이 된다면 이메일을 회의실이라고 가정하라. 회의실에서 직접적으로 이야기를 나눠야 하는 사람은 To, 회의실에 있기는 하지만 참관하거나 중간중간 개입해야 하는 사람은 Cc에 건다. To와 Cc에 있어야 할 사람이 바뀌지는 않았는지, 누락되지는 않았는지 살펴라. 회의실에 초대되지 않아야 할 사람이 실수로 포함되지는 않았는지 반드시 확인해야 한다.

3. 답장할 때 이메일 제목을 바꿀까 말까?

비즈니스 이메일에서 제목은 대화의 안건이다. 사람들은 이메일을 안건에 따라 관리한다. 따라서 처음 보낸 이메일 제목의 안건으로 대화를 이어나가는 중이라면 이메일 제목을 답장할 때마다 바뀌서는 안 된다. 갑자기 바뀐 이메일 제목은 사람들을 혼란스럽게 하고, 불편하게 만든다. 대개 이메일이나 휴대폰 기능에서 같은 제목으로 된 이메일이 정렬되어 나오는 기능을 이용하기 때문이다. 제목이 바뀌면 다른 안건의 이메일로 분류되어 검색하거나 이메일 자료를 보관하는 데 애를 먹는다.

그럼 언제 이메일 제목을 바꿔야 할까? 프로젝트 A의 안건으로 이메일을 주고받더라도 때에 따라 사안은 다르다. 프로젝트 A의 견적서에서 진행 일정으로 대화의 흐름이 바뀌면, 상대방이 이메일 제목을 바꾸지 않고 진행 일정을 물어왔다면 새로운 이메일 창을 열고 제목도 '프로젝트 A 진행 일정'과 같이 바꿔라. 그래야 대화가 뒤죽박죽되지 않는다. 기존의 대화 히스토리를 이메일 내용에 포함할 필요가 있다면 이메일 제목만 바꿔도 무방하다. 하지만 새로운 사안은 새로운 이메일 창에 작성하는 편이 효율적이다. 이메일 용량을 줄이는 동시에 새로운 사안에 관계된 사람만 To나 Cc에 걸리게 할 수 있기 때문이다.

제목을 바꾸지 않고 살짝 변형해야 할 때도 있다. 메일 내용에 첨부 파일이나 변경 사항이 있을 경우 미리 주목하도록 하기 위해서다. 예를 들어 '[본인 회사명]○○사 프로젝트 A 견적 요청'이라는 제목의 메일을 주고받다 견적서를 첨부한 이메일을 보낼 때는 '[본인 회사명]○○사 프로젝트 A 견적 요청(견적서 첨부)'와 같이 제목 끝에 내용을 추가한다. 그러면 같은 이메일 주제로 이메일 수신함 히스토리 상에서 확인이 가능하다.

4. 이메일 히스토리를 지울까 말까?

이메일 답장을 할 때 상대방이 보낸 이메일 내용을 싹 지우고 자신의 답장 내용만 회신하는 사람이 있다. 상대방이 보낸 이메일 내용 중 어떤 부분이 불편해서 그 내용을 따라붙게 하고 싶지 않을 수도, 정말 아무 생각 없이 습관적으로 그럴 수도 있다. 답장이 하루 이틀 이상 지나서 온 경우 어떤 내용의 답장인지 헷갈려 이메일 히스토리를 살펴보게 되는데, 아무것도 없으면 '뜬금없이 무슨 말을 하는 거지?'라는 생각이 든다.

비즈니스 이메일에서 이메일 히스토리는 중요하다. 이메일로 많은 일을 처리하므로 자기가 직접 보낸 이메일에 대한 회신을 받았더라도 그 내용을 일일이 다 기억하지 못한다. 전후 맥락과 더불어 상대방이 요청한 사항에 대해 빠짐없이 답장했는지 확인하기 위해서는 이메일 히스토리를 참고해야 한다. 그럴 때 히스토리 없이 답장만 쏙 보낸 이메일을 받으면 어떻겠는가? 보낸 메일함을 살펴보면 된다고 해도 짜증이 나는 것은 사실이다.

이메일 제목과 마찬가지로 어떤 안건에 대해 주고받는 이메일이라면 이메일 히스토리를 누적해서 답장하라. 그럼 가장 마지막 메일만 보거나 보관해도 된다. 이메일을 주고받는 중간에 필요한 사람을 Cc에 걸 때 이메일 히스토리가 있으면 따로 설명하지 않아도 이메일 히스토리를 통해 전후 상황을 이해할 수 있다.

물론 이메일 히스토리를 지우는 편이 나을 때도 있다. 매출액이나 원가와 같은 금액, 회사 기밀 사항, 개인적인 내용이 이메일 히스토리에 포함된 경우 그 내용을 알아서 안 되는 사람이 있다면 히스토리를 지우고 보낸다. 고객에게 받은 컴플레인 내용을 굳이 줄줄이 이어서 대화를 해나갈 필요도 없다. 컴플레인이 해결되고 나면 그 이메일은 거기서 클로징하고, 새로운 이메일로 대화를 시작해서 새로운 히스토리를 남긴다.

이메일 히스토리를 지워야 할지 말지 감이 안 잡힌다면 이메일 히스토리를 꼭 지워야 할 이유가 있는지 스스로에게 질문하라. 이유가 없다면 이메일 히스토리를 남겨라. 새로운 이메일로 대화를 시작해야 할지 말지 갈등된다면 장소나 분위기를 전환할 필요가 있는지 스스로에게 질문하라. 판을 바꿔야 할 필요가 있다면 기존의 히스토리가 포함된 이메일은 클로징하고, 새로운 이메일 창을 열어라.

5. 첨부 파일에서 드러나는 사고방식

첨부 파일 제목

비즈니스 이메일에서 첨부 파일 제목도 당신에 대해 말해준다. 자기중심적인지 상대방을 배려하는지, 꼼꼼한지 덜렁대는지 등 업무 센스와 스타일이 감지된다. 더 나아가 컴퓨터에서 파일을 얼마나 잘 보관하는지도 파악할 수 있다. 예를 들어 견적서를 첨부한다고 해보자. 사람들이 보내는 파일 제목은 이런 식이다.

견적서: 견적서니까 그냥 '견적서'라고만 적는다. 그런데 무슨 견적서인지 분명하지 않다. 이렇게 파일 제목을 붙이는 사람은 다른 고객사의 견적서 파일도 견적서라고만 해서 컴퓨터에 저장한다. 다른 고객의 견적서를 잘못 첨부하는 실수를 저지를 확률이 높다.

견적서_고객사명: 자기중심적으로 생각하는 사람들이 대개 이런 제목을 붙인다. 자기 입장에서 어떤 고객사의 견적서이므로 자기가 보기 편하게 파일명을 정한다. 고객 입장에서는 당연히 자신을 위한 견적서인지 아는데 말이다. 이런 사람은 구직을 위해 이력서를 보낼 때도 파일 제목을 이렇게 쓴다. '이력서_지원하는 회사명' 그 이력서를 받아볼 회사는 무슨 생각을 할까?

견적서_자기 회사명: 고객이 견적서를 받아봤을 때 어떤 업체의 것인지 알게 한 점은 좋았다. 하지만 여전히 아쉬운 점이 있다. 무엇에 대한 견적서인지 구체적으로 파일명을 정하라.

견적서_○○○운송건_자기 회사명_견적서 제출일: 견적서를 보낸 사람이 상당히 꼼꼼한 성격임을 알 수 있다. 고객이 파일을 열어보기 전에 무엇에 대한 견적이고, 어떤 업체가 언제 제출했는지 한눈에 알아보도록 했다. 고객이 파일 제목을 바꿀 필요 없이 그대로 저장하게 해준 것이다. 파일 제목에 날짜까지 적을 필요가 있느냐는 질문도 받는데, 그렇다. 파일을 몇 차례 수정하는 일이 있기 때문이다. 버전이나 레퍼런스 번호로 관리할 수도 있지만, 날짜를 명시할 때 더 확실할뿐더러 소통하기도 편하다.

82432452464 또는 1: 스캔했을 때 자동으로 부여되는 번호 또는 편의상 자신이 저장하면서 1이라고 대충 적은 파일 제목을 아무 생각 없이 그대로 첨부하는 사람도 있다. 제발 이러지는 말자.

파일 제목에서 단어 사이에 들어가는 언더바(_)와 대시(-)도 신경 써라. 각 회사마다 선호하는 방식이 있다. 상사는 언더바를 쓰는데, 부하직원이 자꾸 대시를 써서 파일 제목을 저장해오면 파일을 관리하는 입장에서는 은근히 짜증이 난다.

첨부 파일 프로그램

외국계 회사는 주로 워드docx 프로그램을 이용하고, 관공서나 국내 기업은 한글hwp 프로그램을 이용한다. 자신이 거래하는 고객사나 구직 시 지원하는 회사에서 어떤 문서 파일을 주로 이용하는지 살펴보라. 외국계 회사에 지원하면서 한글 파일에 작성된 이력서를 보내는 사람을 보면 센스가 없다는 생각이 든다. 한글 뷰어 프로그램을 무료로 내려받아서 볼 수도 있지만, 그 이력서 한 장을 보기 위해 굳이 프로그램을 내려받을까? 컴퓨터에 워드 프로그램이 설치되어 있지 않은 사람은 pdf 파일로 저장해서 보내면 된다. pdf는 어디서나 기본적으로 다 사용하니 말이다.

마케팅 업무와 관련해서 디자인 시안을 이메일로 받아보면 아트일러스트.ai 파일이 첨부되어 있다. 디자인하는 사람이 아니라면 그 프로그램이 설치되어 있지 않아 파일을 열지 못한다. 전화해서 파일이 안 열린다고 말해야 한다. 정말 상대방에 대한 배려라고는 없다. 센스 있는 업체 담당자는 ai 파일에 있는 시안을 pdf 파일로 저장해서 같이 보내준다. 당신이라면 누구와 일하고 싶은가?

엑셀 파일 페이지 설정

몇 장 안 되는 문서인데 수십 장이 프린트되어 나온다. 엑셀 파일을 보낸 사람이 페이지 설정을 확인하지 않고 그냥 보냈기 때문이다. 내용이 아무리 좋아도 프린트하다가 이런 일을 겪으면 짜증이 난다. 상대방에 대한 배려가 있는 사람은 프린트했을 때 보기 좋게 페이지 설정을 한 후 보낸다. 페이지 설정이 안 된 파일

하나로 감정 낭비, 종이 낭비, 시간 낭비를 하는 일은 삼가자. 일 잘한다고 인정받는 사람은 이런 디테일에도 강하다.

6. 이메일만 보내고 팔로업 안 하는 사람

이메일을 보냈다고 끝이 아니다. 이메일을 보내고 난 후에는 반드시 팔로업해야 한다. 그런데 이메일만 보내고 답장이 오기만을 애타게 기다리는 사람들이 있다. 상사가 진행 사항을 물으면 이렇게 답한다. "이메일을 보냈는데 아직 답장이 없습니다. 다시 보내겠습니다." 이럴 때 상사는 속이 터진다. 이메일을 보내서 답장이 없다면 계속 이메일만 보낼 것이 아니라 전화를 하라. 이메일을 보내고 또 보낸다고 상대방이 답장하리라는 보장이 없다. 뭔가 사정이 있어서 미처 답장하지 못했을 수도 있는데, 재촉하듯 계속 일방적으로 이메일을 보내면 상대방에게 부담을 주어 좋은 인상을 받지 못한다.

이메일을 보내면 상대방이 무조건 그 이메일을 읽으리라고 단정 짓지 마라. 스팸 메일함으로 자동 분류되어 확인하지 못할 수도 있고, 보안이 심한 회사는 아예 서버에서 블로킹되어 메일함으로 전달되지 않을 수도 있다. 이메일을 확인했어도 상대방이 즉시 답장해야 할 의무도 없다. 언제까지 답장을 달라고 마감 기한을 정해놓으면 대개 그 마감 기한 안에 답을 주겠지만, 마감 기한도 없이 무조건 빨리 답변을 달라는 것은 무례하다. 당신에게는 '빨리'의 기준이 한 시간일 수 있지만, 상대방에게는 하루일 수 있기 때문이다.

무엇보다 중요한 것은 이메일을 보낼 사안인지, 전화할 사안인지, 만나서 이야기할 사안인지 판단하는 것이다. 실제로 사무실에서는 이런 일이 자주 벌어진다. 바로 앞자리에 앉은 동료와 마주 보고 말로 하면 해결될 것을 이메일을 보내고 답장을 빨리 안 준다고 징징댄다. 엄청 긴급한 사안이라고 하면서 전화하는 것이 아니라, 이메일을 보내고 발만 동동 구르며 답장을 기다린다. 일을 잘하고 못하고는 이런 사소한 것에서부터 차이가 난다.

문자 메시지나 카톡의 경우 대개 확인하는 즉시 몇 분 또는 몇 시간 이내에 답장이 오리라고 기대하는 데 반해, 이메일은 몇 시간 또는 하루 정도를 기다리는 시간으로 인식한다(물론 즉각적으로 답장해주는 사람도 당연히 있다). 하루도 지나지 않아서 답장을 빨리 안 준다고 보채면 밉상 취급받을 가능성이 크다. 그래서 팔로업이 중요하다. 팔로업하는 방법은 크게 두 가지로 나뉜다(팔로업은 상황에 따라 문자 메시지나 카톡으로 대체해도 무방하다. 그래도 가장 확실한 방법은 서로 직접 목소리를 듣고 확인하는 전화임을 잊지 말자).

이메일을 보낸 후 전화로 팔로업하기

이메일을 보내면 보통 하루 정도는 기다려야 한다. 하지만 용건이 급할 때는 전화해서 이메일을 보냈으니 확인을 부탁한다고 공손하게 말한다. 전화를 받은 상대는 그 중요도나 긴급성을 이해하고 즉각적으로 답장을 해주거나, 언제까지 답장을 해주겠다고 알려줄 것이다.

이메일 내용이나 첨부 파일에 대해 부연 설명이 필요할 때는 이메일을 먼저 보내고 난 후, 전화해서 그 내용을 같이 보며 설명해주면 도움이 된다. 전화로 팔로업할 때는 자신의 신분을 밝히고 이렇게 물어보라. "조금 전에 이메일을 보내드렸는데요. 잘 받으셨나요? 혹시 지금 전화 통화 가능하시면 제가 관련 내용을 간략히 설명해드려도 될까요?" 첨부 파일에 대해 설명할 때는 "파일을 한번 열어보시겠어요?"라고 한 후, 전반적인 구성이나 핵심 내용을 짚어줘라. 그러면 나중에 검토할 때 이해하기가 수월하다. 상대가 전화 통화를 하기 어려운 상황이면 "살펴보시고 궁금한 점이 있으면 연락해달라" 하고 전화 통화를 마무리한다.

고객에게 컴플레인 이메일을 받았을 때 정중한 답장을 보냈더라도 직접 전화해서 팔로업하면 더 인간적이다. 고객의 말투와 목소리로 전달되는 감정을 통해 일 처리가 깔끔하게 이루어졌는지 직감적으로 알 수 있다. 이메일로 사과문을 써서 보내고 아무런 팔로업이 없으면 고객은 더 괘씸하다고 생각할지도 모른다. 이는 또 다른 컴플레인을 야기한다. 또한 고객이 요청 사항 이메일을 보냈을 때 답장을 보내고 난 후 "요청하신 사항에 대한 답변이 잘 되었느냐"며 확인 전화를 해주면 친절한 서비스에 감동할 것이다. 이외에도 비딩 제안서와 같이 이메일 제출 마감일이 정해진 경우에는 반드시 전화로 수신 확인 여부를 팔로업하라.

전화로 팔로업하고 이메일 보내기

별로 친하지 않은 사람이나 누구의 소개로 연락하는 초면인 사람에게 뭔가를 부탁하는 이메일을 보내면 상대방은 뜬금없다는 인상을 받을 수 있다. 이럴 때는 먼저 전화로 인사를 나눈 후 이러이러한 도움을 구하고 싶은데 자세한 내용은 이메일로 보내겠다고 하는 것이 예의다. 이메일 내용 중 불분명한 점이 있어 답장하기가 애매한 경우에는 여러 차례 이메일을 왔다 갔다 하지 말고 바로 전화해서 궁금한 내용을 확인하라. 이메일 답장을 기다리는 것보다 전화로 확인하는 것이 훨씬 빠르고 정확하며, 일처리가 깔끔하다는 인상을 남길 수 있다.

고객이 요청한 마감일 내에 회신이 어려울 때 일정을 언제로 늦췄으면 좋겠다는 이메일은 되도록 보내지 마라. 먼저 전화해서 상황을 설명하고 양해를 구한 후 일정을 조율하는 편이 좋다. 그러고 나서 이메일을 보내 합의된 일정을 말하면 서로 오해 없이 업무를 처리할 수 있다. 전화 통화에서 "이해해주셔서 감사합니다"라고 이야기했더라도 이메일에서 한 번 더 언급하자.

남다른 메모 활용법

메모 하나로도 우리는 메모를 전해준 사람에 대해 자동적으로 어떤 인상을 받는다. 일 처리가 참 깔끔하다는 기분 좋은 인상일 수도 있고, 메모 하나도 제대로 못 전한다는 미덥지 못한 인상일 수도 있다. 짧은 몇 마디가 적힌 메모는 살포시 미소 짓게 만들며 훈훈함을 전해주기도 한다.

상사나 선배가 빌려준 물건을 반납할 때

포스트잇에 짧은 감사의 메시지를 적는 것을 잊지 마라. 말로 고맙다고 하는 것과 달리 글로 써서 전달하면 잔잔한 여운이 남는다.

○○님, 요즘 저에게 딱 필요한 책이었어요. 감사합니다.

○○○ 드림

○○님, 정말 유용하게 잘 썼어요. 도움 주서서 감사합니다!

○○○ 드림

책상 위에 먹을 것을 올려놓을 때

윗사람의 책상 위에 조용히 먹을 것을 올려놓는 기특한 행동을 하고 싶을 때가 있다. 이때 먹을 것만 달랑 두면 좀 생뚱맞기도 하고, 좋은 의도가 제대로 전달되지 않는다. 포스트잇에 짧은 메시지를 적어 붙여놓거나, 쪽지를 접어 같이 두면 따뜻한 마음이 몇 배 더 크게 전달된다.

○○님, 맛있게 드세요~^^

○○○ 드림

○○님, 항상 이것저것 잘 가르쳐주시고 챙겨주셔서 감사드려요!

○○○ 드림

결재판을 올릴 때

결재판에 보고서나 결재받을 서류를 올릴 때 짧은 메모를 추가해보자. 딱딱하고 무미건조한 결재판을 열었을 때 손글씨 메모가 있으면 마음이 한결 부드러워진다.

○○님, 더 확인할 사항이나 궁금한 점이 있으면 알려주세요~
○○○ 드림
○○님, 오늘도 파이팅입니다!
○○○ 드림

메모는 전달받은 상대방이 더 궁금한 것이 없도록 군더더기 없이 깔끔하게 전해야 한다. 제대로 된 메모는 추가 질문이 아니라, 고맙다는 말로 끝난다. 하지만 직장에서 메모를 전달받고 추가 질문을 하게 되는 경우가 많다. 전화 메모를 예로 들어보자. 전화한 사람의 이름, 소속, 연락처, 전화 온 시간까지는 꼼꼼히 적었는데 결과적으로 메모를 받고 뭘 해달라는 것인지 명확하지 않을 때가 있다. 메모를 전달할 때는 다시 전화를 해달라는 것인지, 전화했었다고 알려만 달라는 것인지, 이메일을 보냈으니 확인해달라는 것인지 등 요청 사항을 빠뜨리지 말자. 또한 또박또박 알아보기 좋게 적자. 휘갈겨 쓴 메모를 전달하는 것은 상대방에 대한 배려 부족이다.

메모를 잘해놓고도 밉상이 되는 사람이 있다. 다른 급한 일을 먼저 처리한 후 메모를 전달하려다 너무 늦게 전달하는 경우가 그렇다. 메모를 전달하기 전에 "혹시 ○○○에서 연락 온 것 없어요?"라고 물어온다거나 "이미 연락받았어요"라는 대답이 돌아온다면 메모를 전달할 타이밍을 놓친 것이다. 메모는 받는 즉시 전달하는 것을 원칙으로 하자. 기껏 메모를 잘해놓고 전달할 타이밍을 놓치면 상대방은 짜증이 나고 본인은 억울할 뿐이다.

메모를 전달하는 방법에도 융통성이 필요하다. 메모를 받는 즉시 전달하라고 했더니 상대방이 자리에 없는데도 책상 위에 메모지를 말없이 올려두는 사람이 있다. 잠시 자리를 비운 경우라면 책상 위에 올려둔 후 "책상 위에 메모지 올려두었어요"라고 말해준다. 잠시 자리를 비운 경우가 아니라면 문자 메시지, 전화, 이메일 등 어떤 방법으로 메모를 전달하는 것이 좋을지 상황에 맞게 선택한다. 장시간의 회의 참석, 외근, 휴가, 출장 중인데도 자리에 돌아오면 직접 전달하려고 기다리거나, 책상 위에 그냥 메모지를 올려두면 고맙다는 말은커녕 (메모지를 이렇게 전달하면 어떡하냐고) 핀잔만 들을 것이다.

센스의
재발견

가람비에 옷 젖듯이 보고하라

누군가에게 일을 부탁해본 사람은 그 일이 잘 진행되고 있는지 궁금해지는 그 마음을 이해할 것이다. 직원들에게 일을 위임하는 상사들의 마음이 그렇다. 업무 위임에 노련한 상사는 일이 잘 진행되는지 감시하듯 시시때때로 살피는 것이 아니라, 자연스럽게 중간 점검을 한다. 하지만 그렇지 않은 상사는 일을 시켜놓고 못 미더워하거나, 직원이 부담스러워할까 봐 진행 과정이 궁금해도 꾹 참고 기다린다. 그러다 마감일이 되면 신경전이 벌어진다. 마감일이 지났는데도 알아서 결과물을 안 가져오거나, 결과물이 만족스럽지 않으면 직원을 탓하는 불상사가 일어난다. 보고하는 것에 서툰 직원과 보고받는 것에 서툰 상사 사이에 이런 일은 비일비재하다.

상사와 직원은 마감일에 대한 개념이 다르다. 상사는 마감일을 넘기지 말고 최종 결과물을 보고하라는 것인데, 직원은 마감일에 완성된 초안을 보고하는 것으로 받아들인다. 아무 말 없이 있다가 마감일 당일에 이르러서야 시간이 더 필요하다고 말하거나, 퇴근 직전에 겨우 보고하는 식이다. 마감일에 대한 개념이 아예 없는 직원은 숙제 검사하듯 재촉해야 하니 상사는 '아, 그냥 내가 직접 하고 말지'라며 답답해한다.

일에 대한 내용이나 결과를 알리는 보고는 가랑비에 옷 젖듯이 하는 것이 일을 시킨 사람과 일하는 사람 모두에게 좋다. 보고는 상사가 하라고 할 때만 하는 것도 아니고, 상사에게만 하는 것도 아니다. 업무 담당자로서 그 일을 의뢰한 사람이나 같이 일하는 사람들(상사, 동료, 고객)이 반드시 알아야 할 사항을 적시에 알리기 위해 하는 것이다. 상사가 어떤 일을 시켰을 때 마감일에 최종적으로 보고하는 사람과 마감일 사이사이에 보고하는 사람의 일하는 방식과 태도, 결과물의 퀄리티는 다르다. 가랑비에 옷 젖듯이 보고했을 뿐인데, 이들의 커리어 발전 속도는 크게 앞서게 된다.

가랑비에 옷 젖듯이 하는 보고를 '중간보고'라고 한다. 중간보고는 단지 상사가 진행 사항을 궁금해할까 봐 하는 것만은 아니다. 자신이 요청받은 일을 제대로 하고 있는지 점검하는 동시에 상사에게 조언을 얻어 궁극적으로 상사가 원하는 결과물을 만들어내기 위함이다. 그 조언을 반영하면 완성도와 만족도 높은 결과물이 나온다.

일을 진행하다 보면 생각과 달리 방향을 바꿔야 할 때도 있다. 일을 다 하고 나서 깨닫는 것이 아니라, 중간에 알아채서 유연하게 대처하면 시간과 에너지 낭비를 줄일 수 있다. 불가피하게 작업 시간이 더 필요할 경우 마감일 무렵에 시간을 더 달라고 요청하지 않는다. 상사의 일정을 미리 확인해서 업무에 차질이 없도록 마감 일정을 지혜롭게 조율한다. 오히려 중간보고를 받는 상사가 이렇게 물어볼 수도 있다. "시간이 더 필요하지 않겠어요?"

상사가 물어보지도 않았는데 먼저 찾아가서 보고하면 이상하지 않느냐고 묻는 사람도 있다. 그래서 상사가 물어보기 전까지는 입을 다문다. 이들이 머릿속에 그리는 중간보고는 뜬금없이 상사를 찾아가 "○○에 대해 보고하겠습니다"라는 식의 딱딱한 이미지인 것 같다. 중간보고는 소나기처럼 하는 것이 아니다. 봄날의 가랑비에 옷 젖듯이 가볍고 짧게 하는 것이다. 그러기 위해서는 연습이 필요하다.

　출퇴근길이나 점심 식사 후 사무실로 돌아오는 길에 자연스럽게 대화를 시도해보자. 단, 식사 중에 업무 보고는 되도록 하지 마라. 잠시 마주치는 짧은 시간에 업데이트해야 하므로 상사 입장에서 궁금해할 만한 내용을 선별해서 간략하게 한다. 당신이 가지고 있는 정보를 다른 사람보다 상사가 먼저 알게 하라. 뉴스 속보처럼 말이다.

> "오전에 ○○사에서 전화를 받았는데요. 프로젝트 일정 조정이 필요할 것 같다고 하네요. 자세한 일정은 이메일로 보내준다고 했으니, 이메일 받으면 공유하겠습니다."
>
> "부장님, 요청하신 자료 조사를 하고 있는데요. (조사한 자료를 보여주며) 혹시 더 보완할 부분이 있을까요?"
>
> "과장님, 요청하신 제안서 초안을 완성했는데요. 한번 봐주실 수 있으세요?"

　이런 식으로 진행 사항을 보고하면 업무적 맥락이 공유되어 자연스럽게 할 말이 생겨난다. 처음에는 상사에게 다가가는 것이 어렵게 느껴질 수 있다. 하지만 이 점을 기억하자. 상사는 자신에게 찾아와 이것저것 물어보고 조언을 구하는 직원을 좋아한다. 상사가 자신의 이야기를 들어주고 조언해줄 때 존중받는다고 느끼듯 상사도 직원이 자신에게 도움을 구할 때 존경받는다고 느낀다. 더불어 그 직원의 업무에 대한 열정과 태도, 가능성을 가늠하며 능력을 재평가하는 기회로 삼는다. 자신이 얼마나 열정적이고 책임감이 강하며 신뢰할 만한 직원인지, 상사를 얼마나 존경하는지 알리고 싶다면 중간보고로 상사가 직접 판단하게 하라.

중간보고할 최적의 타이밍을 무의미하게 흘려보내는 직원이 참 많다. 상사와 자연스럽게 대화할 시간이 생겨도 인사만 대충하고 도망치듯 사라지거나, 상사가 묻는 말에만 대답한다. 상사와 대화는 하고 싶은데 어떤 주제를 꺼내야 할지 몰라 연예인이나 TV 드라마 이야기만 잔뜩 한다. 그러다 회의 시간이 되면 심각한 이야기를 소나기처럼 퍼붓는다. 고객에게 어떤 컴플레인을 받았고, 업무가 지연되고 있으며, 고객사에서 중요한 프로젝트 비딩 건에 대한 요청이 며칠 전에 들어왔다고 뒤늦게 공유한다. 회의 시간에 상사가 처음 듣는 이야기가 나오면 큰 문제인데 말이다. 갑작스럽게 쏟아내는 보고에 상사는 인상을 찌푸리며 이렇게 묻는다. "아니, 그걸 왜 지금 이야기하는 거예요?"

가랑비에 옷 젖듯이 보고하는 것은 상사와 공통의 화제를 만드는 가장 좋은 방법이다. 업무적으로 맥락을 공유하고, 서로 간에 신뢰를 쌓는 데 보고만 한 것은 없다. 가랑비에 옷 젖듯이 보고해보자. 보고는 특별한 날 하는 것이 아니라, 밥 먹듯 매일 하는 것이다.

공격적이지 않으면서 단호하게 말하라

평생 사무직 직원으로 살아갈 줄 알았던 나는 서른 살이 되던 해 영업을 시작하게 되었다. 내성적 스타일의 나에게는 새로운 도전이었다. 그런데 막상 영업을 해보니 재미있었다. 내성적 스타일이어서 영업을 못하는 것도, 싫어하는 것도 아니었다. 영업에 적합한 사람, 영업을 잘하게 생긴 사람에 대한 말들은 편견이었다. 영업을 하면서 커리어에 시동이 제대로 걸리는 느낌이 들었다. 업무적 성과를 크게 내며, 나도 몰랐던 내 안의 또 다른 면모를 발견했다. 사람들이 나에 대해 사용하는 수식어에도 변화가 찾아왔다. 성실하게 일 잘하는 직원에게 사용되는 '좋은, 훌륭한'이란 의미의 형용사에 '어그레시브aggressive'가 추가되었다.

어그레시브하다는 말을 외국인 상사에게 처음 들었을 때, 나는 칭찬인지 아닌지 헷갈렸다. 한국에서는 대개 '센 여자'라는 의미로 사용했기 때문이다. 대화 맥락상 칭찬하는 분위기였는데, 갑자기 어그레시브하다니. '이 외국인도 한국 남자들이 종종 하는 말처럼 나보고 기가 세다는 건가?' 눈을 동그랗게 뜨고 그다음 이어져 나오는 말을 들으니 다행히 칭찬이었다. 비즈니스에서 어그레시브하다는 표현은 원하는 바를 이루기 위해 공격적으로 즉 진취적으로, 도전적으로, 적극적으로 일한다는 긍정적 의미다. 한국 남자들이 경쟁자로 다가오는 여자들에게 비꼬듯 말하는 "여자가 너무 어그레시브해"라는 뉘앙스가 아니었다.

여기서 핵심은 '일'은 공격적으로 하되, '사람'을 공격적으로 대해서는 안 된다는 것이다. 그런데 일을 하다 보면 그 대상이 일에서 사람으로 전도되는 상황이 발생한다. 일이 생각대로 잘 안 풀리면 분노, 짜증, 원망 등의 감정이 튀어나와 같이 일하는 사람들에게 공격적으로 말하거나 행동해서 상처를 준다. 공격당한 사람은 본능적으로 반격하게 되고, 성격상 대놓고 되받아치지 못하면 마음속에 담아둔다. 그 결과 일이 아닌 같이 일하는 사람으로 인해 직장생활이 힘들어진다.

인간관계에서 스트레스를 받지 않으려면 공격적이지 않으면서 단호하게 의사를 전달하는 법을 배워야 한다. 단호하게 말하는 것과 정나미 떨어지게 말하는 것은 엄연히 다르다. 하지만 사람들은 단호하게 의사를 표현하면 인간적으로 정나미 떨어지는 사람이라는 평가를 받을까 봐 걱정한다. 적을 만들지 않기 위해 우유부단하게 말하고 행동한다. 싫으면 싫다고, 안 되면 안 된다고, 어려우면 어렵다고 '잘', '부드럽게', '이해할 수 있게' 말하면 되는데 그 말을 하지 못한다. '그렇게 말했다 손해를 볼까 봐', '괜히 미안해서', '체면상' 등의 이유로 그냥 참고 넘어간다. 그러다 어느 순간 한계에 다다르면 인간적 본능을 조절하지 못하고 감정적으로 폭발해서 아주 무례하고 공격적인 모습을 내보인다.

생각해보면 우리는 고마울 때 '감사합니다', 실수나 실례를 했을 때 '죄송합니다'라고 표현하는 법은 배웠는데 거절하는 법, 불편함이나 서운함을 표현하는 법은 제대로 배워본 적 없는 듯하다. "어휴, 그런 걸 어떻게 말해", "좀 불편해도(서운해도) 내가 참아야지"라는 식의 말에만 더 익숙해져 있다. 일할 때 누가 단호하게 거절 의사를 표현하면 왜 거절했는지에 관심을 두는 것이 아니라, 거절당했다는 그 사실에만 집착한다. 상대가 예의 있게 안 되는 이유를 말하며 거절했음에도 "사람이 어떻게 그럴 수가 있어?"라며 자신의 서운하고 불쾌한 감정을 담아 주변에 퍼뜨리고 다닌다. "사람이 너무 인간미가 없어. 어쩜 저렇게 딱 잘라서 안 된다고 하냐." 이런 말을 듣는 사람은 은연중에 자신도 저런 말을 듣게 될까 봐 두려워 거절하고 싶어도 못 하고, 하고 싶은 말이 있어도 못 한다. 최대한 애매하고 불분명하게 말해 모나지 않은 원만한 사람처럼 보이려고 애쓴다.

공격적으로 말하는 것과 의사를 분명하게 표현하는 것을 헷갈리지 말자. 부드럽지만 분명하게 의사를 표현하라. 말의 순서는 두괄식으로 결론부터 말한다. 괜히 미안해서 이런저런 이유를 대다 맨 마지막에 "그래서 안 될 것 같아요"라고 하면 더 큰 실망감과 배신감만 느낀다. "어휴, 미안해서 어쩌죠? 안 될 것 같아요. 왜냐하면 …한 상황이라서요. 별 도움이 안 되어 죄송해요"라고 차근차근히 인간적으로 말하면 된다.

단호하다고 인간적이지 않은 것이 아니며, 단호하게 의사를 표현하기 위해 공격적인 표정과 말투로 대할 필요도 없다. 상사나 동료에게 불만을 이야기하거나, 회사에 원하는 바를 요구할 때도 마찬가지다. 부드럽지만 단호하게 할 말을 하면 된다.《무례한 사람에게 웃으며 대처하는 법》의 저자 정문정 편집장은 단호하게 안 된다고 거절하면 사람들이 떠나갈까 봐 걱정했는데, 오히려 인간관계가 더 좋아졌다고 한다. 공격적이지 않으면서 단호하게 말하면 안 되는 것은 안 되고, 되면 확실하게 해주는 사람이라는 신뢰를 얻는다. 단호하다고 해서 무례하거나 차가운 것이 아니다.

달라는 자료만 달랑 주지 마라

하나를 가르쳐주면 딱 하나만 아는 직원이 있는가 하면, 두셋을 아는 똑똑한 직원도 있다. 자료를 요청할 때도 그렇다. 어떤 자료를 요청하면 달라는 자료만 달랑 주는 직원이 있는가 하면, 참고 자료까지 알아서 챙겨주는 센스 있는 직원도 있다. 똑같은 자료를 요청해도 정말 다른 결과물이 돌아온다. 예를 들어 2사분기를 마무리하고 3사분기가 시작되는 시점에 영업팀장이 직원들에게 2사분기의 매출액과 고객 리스트를 이메일로 요청했다고 해보자.

직원 A: 2사분기 매출액을 퉁쳐서 적고, 고객 리스트 파일만 첨부한 후 "요청하신 자료 보내드립니다"라고 이메일을 보낸다.

직원 B: 2사분기 고객별 매출액과 총 매출액을 정리한 엑셀 파일과 고객 리스트 파일을 첨부한 후 "요청하신 자료 보내드립니다"라고 이메일을 보낸다.

직원 C: 2사분기 고객별 매출액과 총 매출액을 정리한 엑셀 파일, 1사분기 자료를 별도의 시트로 추가한다. 2사분기에 추가된 고객을 다른 색상으로 표시하여 신규 고객이 누구인지 알아보기 좋게 분류한 고객 리스트 파일을 첨부한 후 "요청하신 자료 보내드립니다"라고 이메일을 보낸다.

직원 D: 2사분기 고객별 매출액과 총 매출액을 정리한 엑셀 파일에 1사분기 자료를 별도의 시트로 추가한다. 더불어 상사가 1사분기부터 2사분기까지 6개월간의 매출액 트렌드를 한눈에 살펴볼 수 있도록 그래프를 넣는다. 2사분기에 추가된 고객을 다른 색상으로 표시하여 신규 고객이 누구인지 알아보기 좋게 분류해둘 뿐 아니라, 그 아래 현재 작업 중인 잠재 고객 리스트를 더한다. 잠재 고객까지 포함한 고객 리스트 파일을 첨부한 후 "요청하신 자료 보내드립니다"라고 이메일을 보낸다.

직원 E: 직원 D처럼 상사가 보기 편하고 이해하기 수월하게 파일을 첨부한 것까지는 동일하나, 첨부 파일에 담긴 내용을 간략히 요약한다. "2사분기 총 매출액은 ×××원으로 1사분기보다 ×퍼센트 상승(하락)했습니다. 고객은 총 ××개 사로, 2사분기에 ×개의 신규 고객을 확보했습니다. 첨부 파일 검토 부탁드리며, 궁금한 점이 있다면 알려주시기 바랍니다"라고 이메일을 보낸다.

똑같은 자료를 동시에 요청해도 돌아오는 결과물은 사람에 따라 이렇게 다르다. 당신이 상사라면 어느 직원과 같이 일하고 싶겠는가? 물론 상사가 핵심 내용만 급하게 필요하다고 할 경우에는 자료를 세심하게 준비하느라 시간을 지체하는 것보다 필요한 자료만 추려서 주는 것이 좋다. 하지만 그런 경우가 아니라면 달라는 자료만 달랑 주는 방식으로 일하지 말자. 상사는 속으로 하나를 달라고 했더니 '정말 이것만 딱 주네'라고 생각하며 아쉬워할 것이다.

어차피 보내는 자료라면 약간만 더 신경 쓰자. 상사가 요청한 자료와 연결 지어 참고할 만한 자료나 설명을 추가하라. 그 작은 노력이 큰 차이를 만든다. '하나만 주면 정 없다'라는 옛말을 기억하자. 덜 줘서 욕먹는 일은 있어도 더 줘서 욕먹는 일은 없다.

보고서에 공을 들여라

직장인들에게 보고서는 상사가 시켜서 쓰는 것으로, 마감일이 있는 숙제다. 당연히 보고서가 좋을 리 없다. 하지만 직장인이라면 보고서를 떠나서 살 수 없다. 경력이 쌓일수록, 직급이 높아질수록 보고서를 잘 써야 한다. 말 잘하는 사람과 보고서 잘 쓰는 사람 중에 보고서 잘 쓰는 사람이 더 빨리 승진하는 경향이 있다. 따라서 보고서의 노예가 될 것이 아니라, 보고서를 잘 활용할 줄 알아야 한다.

보고서를 받아보고 싶어 하는 상사의 니즈와 더불어 나의 니즈도 보고서를 통해 어필하라. 예술가가 포트폴리오로 평가받듯 직장인에게는 보고서가 포트폴리오나 다름없다. 예술가가 포트폴리오 만드는 데 공을 들이듯 직장인도 보고서에 공을 들일 가치는 충분하다. 특히 매출과 같은 숫자로 객관적 평가를 받기 어려운 사무직 직원에게 보고서는 회사 기여도를 어필하기 좋은 수단이다. 직급이 낮고 외향적이지 않아 자신을 드러낼 기회가 없거나, 성격상 마음에 없는 말로 상사에게 아부하지 못하는 사람에게 보고서는 일로써 아부할 수 있는 가장 쉽고 빠른 방법이다.

보고서 작성은 개인의 총체적인 역량을 일정한 양식을 갖춘 문서에 담는 행위다. 자료 수집력, 경험, 문제를 보는 관점, 문제

해결 능력 등이 보고서에서 드러난다. 보고서 작성 기술은 절대 하루아침에 늘지 않는다. 회사에 입사하면 일일 또는 주간 업무 보고서부터 쓰게 하는 것도 이런 이유에서다. 자기가 한 일, 즉 가장 잘 아는 친숙한 것부터 보고서를 쓰도록 가르치는 것이다.

보고서를 대하는 직원의 태도를 보면 몇 년 후의 모습이 예측된다. "무슨 일을 하는지 뻔히 알면서 왜 자꾸 쓰라고 해?"라고 투덜대며 건성건성 쓴 사람과 정성 들여 쓴 사람의 커리어 격차는 입사 3년 이후부터 점점 크게 벌어진다. 모건스탠리나 골드만삭스와 같은 세계적인 투자은행은 직원이 입사하면 보고서 작성 노하우부터 엄격하게 가르친다. 외국계 기업이나 대기업에서도 키워야겠다고 생각하는 직원에게 보고서 작성을 더 자주 시킨다.

우수한 비즈니스맨일수록 보고서를 잘 쓰려고 시간, 비용, 노력을 더 많이 투자한다. 유명한 대기업이나 외국계 기업에서 스카우트된 '일 좀 잘하는' 경력자는 입사 1~2주 이내에 상사에게 보고서를 선물한다. 누가 시키지 않아도 자신이 나름대로 파악한 업무 현황 분석, 경쟁사 동향 및 차별화 전략, 개선안, 가망 고객 리스트, 신규 사업 기회 등을 정리한 보고서를 상사에게 들이민다. 자신이 업무 파악을 제대로 하고 있음을, 비싼 연봉을 주고 채용한 가치가 있음을 보고서로 어필하는 것이다. 성과가 가시화되는 몇 달 후까지 마냥 기다리지 않는다.

나는 상사가 내가 하는 업무의 고충을 잘 이해하지 못하거나, 회사의 지원이 더 필요할 때 보고서를 썼다. 힘들다고 징징대거나 뚱한 표정을 지으며 상사가 내 마음을 알아채주기를 바라기보다 보고서를 통해 소통했다. 상사에게 도움이 되고 싶을 때도 참고 자료나 아이디어를 정리해서 상사도 그의 상사에게 어필할 수 있도록 지원했다. 나 역시 이렇게 해주는 직원이 참 좋다. 상사에게 보고서를 잘 쓰는 직원만큼 든든한 자산은 없다.

상사가 자꾸 보고서를 쓰라고 하면 귀찮다는 생각이 드는 것이 당연하다. 그럴 때는 월급 받으며 보고서를 쓰는 훈련을 한다고 바꿔 생각하라. 짜증이 좀 가라앉을 것이다. 보고서를 자주 쓰다 보면 부담감은 줄어들고, 문서 작성력은 향상된다. 보고서 내용도 자연스럽게 머릿속에 저장되니 일거양득이다.

직장생활을 하든 프리랜서로 혼자 일하든 보고서는 필요하다. 보고서를 잘 써서 손해 볼 일은 없다. 기회가 있을 때 많이 쓰고, 피드백을 받을 수 있을 때 많이 받아라. 상사가 안 시킨다면 자발적으로 보고서를 써보기 바란다. 그리고 "제가 정리 좀 해보았는데요"라며 상사에게 보여줘라. 잘 쓴 보고서 한 장이 스펙용 자격증보다 더 힘이 세다는 사실을 알게 될 것이다.

한 번에 하나씩만 꺼내 어필하라

내가 사는 신도시에 드디어 전문 플로리스트가 운영하는 꽃집이 생겼다. 특별한 날은 아니었지만, 기분 전환 겸 꽃을 사러 간 나는 꽃집 사장이자 플로리스트의 감각을 믿어보기로 했다. 5만 원이라는 예산에 맞춰 꽃다발을 만들어달라고 했다. 잠시 근처에서 일을 보고 꽃을 찾으러 간 나는 당황했다. 꽃다발을 보면 대개 "어머, 너무 예쁘다!"의 반응이 나와야 하는데, 나는 "아… 이거예요?"라고 되물었다. 하나씩 보면 다 예쁜데, 너무 다양한 꽃들을 한꺼번에 뭉쳐놓으니 어색했다. 이 꽃다발 사진을 페이스북에 올리자 지인이 이름을 붙여줬다. '과욕이 부른 참사.'

직장생활에서도 자신의 능력과 열정을 한 번에 어필하려는 과욕으로 참사가 발생할 수 있다. 성공에 대한 지나친 야망, 상사에게 인정받고 동료에게 사랑받고 싶다는 과한 열망, 자신의 능력과 존재감을 과시하고픈 욕심에 잘하려고 애쓰다가 '너무 오버한다'는 부정적 인상을 심어준다. 갓 입사해서 열정만 앞선 신입, 한창 일에 물이 오르고 승진에 대한 기대감으로 가득 찬 3~5년차 대리급에서 이런 모습을 볼 수 있다. 회사와 상사의 기대치에 부응하고, 자신의 가치를 증명하기 위해 가지고 있는 모든 장점을 어필하고 싶은 마음은 이해한다. 그러나 한 번에 다 보여주려고 욕심을 내면 '과욕이 부른 참사' 꽃다발처럼 그 가치가 반감된다.

독일의 작가 크니게A.F.V Knigge는《인간교제술 효과적인 237가지 법칙》에서 장점은 결정적일 때 분별력 있게 드러내야 한다고 강조했다. 너무 많이 드러내면 사람들이 질투하고, 너무 적게 드러내면 사람들에게 무시당할 수 있기 때문이다. 한꺼번에 많이 보여주는 것보다 '생각하는 것보다 훨씬 더 많은 것이 당신 안에 들어 있다'라고 여기게 만드는 것이 더 중요하다.

패스를 잘하기로 유명한 폴 스콜스Paul Scholes라는 영국 출신의 축구 선수가 있다. 그는 잉글랜드 프리미어리그 맨체스터 유나이티드의 전설적인 미드필더로 통한다. 그가 자신의 후배 선수에게 한 조언은 직장인에게도 유효하다. "자신의 재능을 과시해야 한다는 압박감에 너무 많은 임무를 혼자 해내려고 하지 마라. 그러다 진짜 좋은 미드필더가 되는 데 중요한 것을 놓친다." 제때 한 번에 하나씩만 어필하자. 사람들이 인식하지 못하는 사이 야금야금 그들의 마음을 사로잡아 같이 일할수록, 알면 알수록, 보면 볼수록 매력적인 사람이 되는 것이 어떨까.

적게 일하고 크게 어필하고 싶을 때 읽는 책

PART 3

나를
다시 보게
만들어라

**나를
다시 보게
만들어라**

직장에서 붙잡는 인재는 이유가 있다

작은 부분 하나까지 신경 쓴다

"시켜만 주시면 잘할 수 있어요."

"실력을 발휘할 기회가 그동안 없었어요."

사람들은 이런 말을 신뢰하지 않는다. 이런 말을 들으면 "정말?"이란 말이 입 밖으로 튀어나오려고 한다. 시켜만 주면 잘할 사람은 시키기 전에 잘하는 모습을 먼저 어필하기 때문이다. "제가 할 수 있을까요?"라고 겸손을 떨어도 "한번 해봐. 잘할 수 있을 거야"라며 오히려 시키는 사람이 확신의 말을 하게 만든다. 실력을 발휘할 기회가 없었다고 기회를 탓하는 사람은 사소하고 하찮아 보이는 일은 안 하려고 뺀질대는 사람인 경우가 많다. 기회란 것은 대개 볼품없는 못생긴 모습을 하고 찾아오는데, 이 사실을 모르는 사람들은 근사하고 괜찮아 보이는 기회만 잡으려고 벼르다 기회를 놓치기 일쑤다.

경력이 짧아 아직 실력이 검증되지 않은 직원에게 대단한 일, 중요한 일을 맡기는 회사는 없다. 일을 대하는 태도, 됨됨이, 인내력을 알아보기 위해 상사는 일부러 사소하고 하찮은 일을 시켜본다. 상사는 직원이 그 일을 대하는 모습, 그 별것도 아닌 일을 하면서 나름의 교훈을 얻는 모습, 새로 입사한 후배나 동료를 돕는 모습을 안 보는 것 같아도 다 지켜본다. 사람들을 통해 이렇게 저렇게 들려오는 소문도 무심한 척하며 다 듣는다. 이러한 것들이 그 사람의 진가를 판단하는 데 도움이 되기 때문이다.

매슬로도 《인간 욕구를 경영하라》에서 비슷한 말을 했다. 계획과 포부만 크고 열정만 앞서는 풋내기들은 조금 어렵거나 지루한 일을 시켜보면 금세 스스로 자신이 별 볼 일 없는 사람임을 드러낸다고. 직원의 커리어 확장을 위해 나름의 이유를 설명해주며 어떤 일을 시켰더니, 자기 업무도 아니고 연초에 세웠던 업무 평가에 포함되어 있지도 않다며 계산적으로 따지는 직원에게 마음이 확 돌아섰다는 상사가 많다. "대학 나온 내가 이런 하찮은 일이나 하고 있다"라며 불평하는 직원치고 그 하찮은 일을 잘 처리

해내는 것을 못 봤다. 하찮은 일도 제대로 못하니 상사는 못 미더워 다른 일은 못 시킨다. 그 일을 계속해야 하는 직원은 점점 불만이 쌓이고, 그 불만은 고스란히 일에 반영되어 실수가 발생한다. 실수, 불만스러운 태도와 표정, 불평은 어느새 그 사람을 떠올리면 생각나는 고정적인 이미지로 자리 잡는다.

사소하고 하찮은 일도 정성껏 잘하는 사람이 있다. 심지어 시키지 않는 일까지 잘한다. 업무와 관계된 일도 아닌데 말이다. 이를테면 사무실 화분에 물 주기 같은 것이다. "내가 화분에 물이나 주러 출근했냐"라고 불평하기보다 누군가는 해야 할 일이기에 싫은 내색 없이 맡는다. 설령 식물을 매번 죽이는 식물 킬러여도 "저는 적임자가 아닙니다"라고 말하는 것이 아니라 "이번에는 잘 키워보겠습니다"라며 긍정적인 태도를 보여준다.

이런 부류의 사람은 식물의 특징에 따라 물 주는 주기를 정하고, 식물이 허약하다 싶으면 식물 영양제까지 사다 화분에 꽂아둔다. 그 모습을 본 상사는 그 사람의 관찰력, 문제 해결력, 실행력을 파악한다. 지겨울 수 있는 일인데도 군말 없이 일관성 있게 해내는 모습을 보면서 '무슨 일을 맡겨도 잘 해내겠다', '일도 잘하지만 사람도 잘 돌보겠다'라는 확신을 갖는다. 그 결과 경력이 상대적으로 짧아도 기회를 한번 주게 된다.

기회를 준다고 해도 거기서 끝이 아니다. 기회를 받는 태도에서 그 사람에 대해 더 알게 된다. "중요한 고객을 제가 담당할 수 있을까요. 저는 아직 경험도 많지 않은데요. 제가 좀 더 준비되었을 때 하면 안 될까요"라고 말하는 직원이 있다. 상사는 알겠다고 하면서도 이런 직원에게 다시는 먼저 기회의 손길을 내밀지 않는다. 이런 부류의 사람은 늘 자신에게 다가온 기회를 두려워하며, 좀 더 준비가 되면 한다고 입버릇처럼 말하기 때문이다.

반면에 "기회를 주셔서 감사합니다. 제가 부족한 부분이 있으면 지적해주세요. 열심히 해보겠습니다"라고 말하는 직원도 있다. 그럼 상사는 "처음부터 잘하는 사람이 어디 있나요? 다 배우면서 하는 거지. 너무 걱정하지 말고 한번 해봐요. 할 수 있을 만해서 시키는 거니까"라며 자신감을 불어넣어 주고, 든든한 후원자가 된다. 직원은 자신을 테스트한다고 생각하겠지만, 상사는 상사대로 자신의 사람 보는 안목을 테스트하는 것이다.

실력을 발휘할 기회의 씨앗은 이처럼 사소하고 하찮은 일을 통해 온다. 그 일을 대하는 태도에 따라 그 기회의 싹을 틔울 수도 있고, 죽일 수도 있다. 시켜만 주면 잘할 수 있다고 자신감 있는 척하고, 상사에게 신뢰를 얻기 위해 알랑거리며 아부해봤자 오래가지 못한다. 상사가 바뀌거나 이직할 때마다 그런 전략으로 상사의 마음을 살 수는 없는 노릇이다. 별것 아니라고 여기는 일도 열심히 하며 자신의 진가를 보여줘라. 안목 있는 사람은 사소함 속에 담긴 그 가치와 깊이를 읽는다. 상사가 이를 알아보지 못한다면? 그 상사에게서는 배울 것이 없을 가능성이 크다.

세계적인 광고회사 사치앤드사치Saatchi & Saatchi의 밥 실러트 Bob Seelert 회장은 택시 운전기사, 비행기 옆자리 승객 등 일상에서 만나는 평범한 사람들과 사소한 대화를 나누면서 영감을 얻는다고 한다. 크리에이티브의 최고봉으로 여겨지는 광고 회사의 창조적 아이디어는 대단한 사람, 대단한 경험에서 나오는 것이 아니었다.

직장에서 잘나가는 사람들, 일 잘한다고 인정받는 사람들, 같이 일하고 싶어지는 사람들은 밥 실러트와 공통점이 있다. 사람들이 지나가듯 하는 말이나 행동을 허투루 넘기기보다 그 속에서 기회를 발견하고 자기가 해야 할 일을 찾는다. 금수저도 아니고, 기죽이는 스펙도 아니고, 아첨꾼도 아니라면 사소한 것을 대충 넘기지 마라. 사소한 것으로 사람들의 마음을 감동시키고, 그 속에 자신의 유능함과 노련함을 녹여내도록 애써라.

감정을 좇지 않고 토끼를 쫓는다

"인간과 달리 늑대는 감정을 좇지 않는다. 그들은 토끼를 쫓는다." 마이애미대학교 철학과 교수 마크 롤랜즈Mark Rowlands가 쓴 책 《철학자와 늑대》를 읽다 발견한 문장이다. 늑대는 토끼를 잡기로 했으면 필사적으로 토끼를 잡는다고 한다. 그러나 우리 인간은 목표를 향해 가던 중에 생겨난 감정을 좇는다. 인간은 감정의 동물이고, 이것이 인간의 본성이니 잘못된 것은 아니다.

커리어를 쌓겠다고 죽도록 공부해서 입사한 후 인간관계에서 생겨난 안 좋은 감정 때문에 한 달도 채 버티지 못하고 퇴사하는 직장인을 보면 마음이 아프다. 직장은 내가 좋아하는 부류의 사람, 나와 가치관이 비슷한 사람만 있는 곳이 아니다. 사실 직업이나 직장을 선택할 때 사람이 아니라, 그 일이 좋아서 선택하지 않았는가. 입사의 이유와 퇴사의 이유가 이렇게 달라진다. 직장은 참 아이러니한 곳이다. 가족이나 다름없다고 하면서 경쟁을 부추기는 곳이니 말이다. 당신이 사장이 되어 이상적인 조직을 만들겠다고 해도 사람이 하나둘 늘어나게 되면 이러한 이중성에서 벗어나기 힘들다.

감정의 동물이라는 인간의 본성적 기질을 조절하지 못하면 원하는 직업적 목표와 꿈에서 점점 멀어질 수밖에 없다. 나도 커리어에 가속도가 붙으며 빠르게 성장하던 직장 5년차에 하마터면 감정을 좇을 뻔했다. 내가 담당하던 임상시험 물류가 바이오제약 산업의 성장과 함께 급성장하면서 회사의 신성장 산업으로 떠올라 윗사람들의 주목을 받기 시작했다. 몸은 피곤해도 일할 맛이 났다. 그런데 어두운 그림자도 있었다. 세 자릿수 성장을 하며 영업 인센티브를 처음으로 받게 되었을 때, 나를 시샘하는 또래 남자 직원의 생각지도 못한 태클이 들어왔다. 이성적으로 HR에서 조치를 취하게 하면 되는데, 그때 나는 그가 어떻게 그럴 수 있는지 화가 나서 감정을 좇았다. 그럴수록 그가 더 미워지고, 일이 손에 더 잡히지 않았다. 앞으로 나아가야 할 시점에 웅덩이에 빠진 기분이었다. 그렇다고 내 처지를 이해하고 조언해줄 여자 상사나 선배는 없었다. 남자인 직속 상사에게 말하자니 여자에 대한 편견을 가질까 봐 혼자 끙끙대며 버텼다.

심적 스트레스로 너무 힘들어 결국 직속 상사를 찾아갔다. 상사는 누가 주목을 받기 시작하면 같은 남자끼리도 이런 일은 흔하게 일어난다고 했다. 커리어가 성장할 때 겪는 자연스러운 과정이라면서 이렇게 조언했다. "높은 산에 올라야 할 사람이 산길에 난 잡초에 일일이 다 대응하면 언제 산꼭대기에 올라가나? 잡초는 그냥 밟고 가는 거야." 정신이 번쩍 들었다. '갈 길이 먼데 내가 뭐하고 있었던 거지?' 길에 난 잡초에 발이 좀 걸린 것 가지고 혼자 너무 심각하게 받아들이고 있었다.

직장생활을 하다 보면 감정적으로 힘든 순간이 누구에게나 언제든 찾아오기 마련이다. 감정이 샛길로 유혹할 때마다 나는 상사의 조언을 떠올린다. 내가 느끼는 감정의 정체를 무시하는 것이 아니라, 그 감정의 정체를 이렇게 분류한다. 그냥 밟고 지나가야 할 잡초 같은 감정인가? 내 목표를 향해 가는 데 지나치면 안 되는, 반드시 치우고 가야 하는 걸림돌 같은 감정인가?

인간관계에서 생겨나는 대부분, 아니 거의 모든 감정은 사사로운 잡초와 같다. 알고 보면 일과 직접적으로 연관도 없는, 그저 말 한마디에 삐치고 서운해하고 미워하는 그런 감정 말이다. 감정을 좇으면 사람이 미워지고, 사람이 미워지면 같이 일하기 싫어지고, 그러다 보면 회사에 가기 싫어져서 그 일까지 싫어지는 상황이 발생한다. 유치하고 치졸하고 쪼잔한 감정으로 사람을 못살게 구는 이들은 어디에나 있다. 이런 사람들을 피해 이직해봤자 비슷한 사람들을 또 만난다. 인간인 이상 누구나 가지고 있는 본성이기 때문이다.

이제 이들을 피하지도 말고, 이들과 똑같이 감정적으로 치닫

지도 말고, 늑대의 한 수를 배워 다른 게임을 하자. 토끼를 잡기로 했으면 토끼를 좇는 것이다. 토끼를 좇다 말고 감정을 좇지 말고. 실력이든 인성이든 모든 면에서 비슷비슷해도 감정에 지배당하는 것이 아닌, 감정을 잘 조절하는 사람이 이긴다.

할 수 있다는 자신감으로 신뢰를 준다

회사는 바보가 아니다. 회사에서 어떤 도전적인 업무나 직책을 맡긴다면 회사가 보기에 당신이 해낼 수 있다고 믿기 때문이다. 어떤 회사도 어리바리한 사람에게 일을 맡기려고 하지 않는다. 그런데 참으로 많은 사람이 이런 기회를 막상 제안받으면 겁쟁이가 되어버린다. 자기 자신을 못 미더워하며 이렇게 꽁무니를 뺀다. "그 일은 저보다 높은 직급이 했던 일인데, 과연 제가 할 수 있을까요?", "저는 전임 팀장님처럼 하지 못할 것 같아요."

어째서 "와, 정말요? 갑작스러워서 놀라기는 했는데 기회를 주셔서 감사합니다. 한번 열심히 해보겠습니다!"라며 안심을 주지 못하는 것일까? 겸손하고 싶다면 "한 번도 해보지 않은 일이라 제가 부족한 점이 있을 텐데요. 부족한 점은 많이 가르쳐주세요"

라고 하면 될 것을. 잘해서 시키는 것이 아닌 잘할 것 같아서 시키는 상황에서는 상사도 그 직원의 가능성만 믿고 도박을 하는 것이다. 이럴 때는 쭈뼛대지 말고 '내가 할 수 있다고 여기시니 시키는 거겠지'라며 자신의 가능성을 믿고 한번 도박을 해보자.

직원들에게 기회라는 공을 던질 때면 나는 피구 게임을 떠올린다. 어떤 사람은 자신에게 날아오는 공을 보란 듯이 확 잡아 끌어안고 달리는데 반해, 어떤 사람은 그 공에 맞을까 봐 무서워 피해 다니다 공에 맞아 죽는다. 공을 잡긴 했어도 얼마 못 가 실수로 공을 놓쳐버리는가 하면, 수비에게 공을 빼앗긴다. 날아오는 공을 잡으려다 자기 손으로 공을 되레 튕겨내는 사람도 있다. 기회가 왔을 때 그 기회를 대하는 직원들의 태도가 정말 이렇다.

직장에서 상사에게 신뢰감을 주기 위해 직장인들은 많은 노력을 기울인다. 일찍 출근하고, 성실하게 일하며, 야근도 마다하지 않는다. 공손한 말씨와 표정으로 상사를 대하려 하고, 신뢰할 만한 옷차림과 프로페셔널한 소품까지 챙긴다. 하지만 직장인의 본질은 뭐니 뭐니 해도 일이다. 업무적인 관계인 이상 신뢰의 뿌리는 일에서 비롯되어야 한다.

"한번 해볼래?"라며 어떤 일을 맡겼을 때 할 수 있다는 자신감으로 신뢰를 주는 것만큼 믿음직스러운 것은 없다. 해보지 않은 일에 대해 두려움을 느끼는 것은 너무나 당연하다. 누구나 마찬가지다. 신뢰의 차이는 그 두려움이란 감정을 대하는 태도에서 나온다. 스스로 그 불안한 감정을 조절하며 "한번 해보겠습니다"라고 용기를 내는 사람과 자신의 두려움을 떠벌리고 상대에게 책임을 전가하며 "아, 제가 안 해본 일이라 잘할 수 있을지 모르겠는데요. 하라고 하시니까 한번 해볼게요(허헝)" 하는 사람은 업무에 착수해서 설령 똑같은 결과물을 내더라도 얻게 되는 신뢰의 정도가 다르다. 남들에게 자신의 두려움을 전염시킨 사람은 일을 해내고도 큰 신뢰를 얻기 어렵다. 다시 기회를 얻을는지 장담할 수 없다.

그렇다고 말로만 "걱정 마시라"며 큰소리를 떵떵 치는 사람은 가볍고 철없어 보인다. 신뢰를 얻는 자신감은 큰소리를 친다고 해서 생기는 것이 아니다. '잘못되면 어떡하나'라는 두려움과 걱정이라는 감정을 감당할 때 생긴다. 자신을 믿고 나아갈 때 자기 안에 조용히 있었던 자신감의 씨앗이 꿈틀댄다. 작은 성공을 하나씩 거두며 자신감의 씨앗은 싹을 틔운다. 그 자신감의 싹이 점점 자라 커졌을 때 얻게 되는 것이 자존감이다. 자신감과 자존감은 한 세트처럼 붙어 다닌다. 자존감이 점점 낮아지고, 남들이 자신을 신뢰하지 않아 고민이라면 스스로 자신을 충분히 신뢰하고 있는지 자기 검열을 해볼 필요가 있다.

위기가 닥쳤을 때 "어떡해요, 어떡해요"라고 수선스럽게 발을 동동 구르며 자신의 불안과 초조함을 주변에 전염시키고 다니는 사람은 신뢰가 안 간다. 자기도 모르게 이런 말을 습관적으로 하고 있지는 않은지 돌아보자. 자신의 가치를 스스로 떨어뜨리는 말은 내뱉을 필요 없다. 차분히 혼자 속으로 '어떡하지'라고 생각하는 연습을 해야 한다. 그러면 자연스럽게 이런 생각이 꼬리를 물고 따라온다. '어떻게 해결할 수 있을까?' 그렇게 방법을 찾아보면 생각이 정리되고 마음이 가라앉는다. 상사는 직원이 그 상황을 감당해내는 과정을 알면서도 모른 척 지켜볼 뿐이다.

큰 프로젝트를 맡기면 신나서 방방 뛰어다니는 사람이나, 승진을 시켰더니 안하무인으로 변하는 사람도 인간적으로 믿고 의지할 수 없다. 자신의 신뢰도를 측정하고 싶다면 상사나 동료들의 입에서 이런 말이 나오는지 살펴보자. "이 사람에게 일을 맡기면 문제없어.", "어떤 문제가 생겨도 지혜롭게 잘 헤쳐 나갈 거야." 이런 말을 듣고 있다면 당신은 잘하고 있는 것이다. 계속 그렇게 해나가라.

미움받을 용기를 낸다

커리어에 물이 오르며 도약하려고 할라치면 어김없이 딜레마에 빠지는 순간이 찾아온다. 직장에서 사랑받는 사람으로 남을 것인가, 미움받는 사람이 될 것인가 마음의 결정을 내려야 한다. 참 스트레스를 받는 상황이다. 사실 이 상황이 오면 흐뭇해해야 한다. 일을 제대로 해나가고 있다는 증거이자, 점점 더 중요한 일을 맡는 존재로 성장하고 있다는 증거이기 때문이다. 이런 상황이 오면 '드디어 올 것이 왔구나' 하며 의연하게 대처하기 바란다. 이런 마음의 준비가 없었던 나는 이 상황을 힘겹게 보냈다. 직장 4년차에 신규팀에서 새로운 서비스 상품을 만들다 보니 기존의 시스템과는 맞지 않았다. 동료들은 "지금까지 이렇게 한 적 없어", "왜 이렇게 자꾸 귀찮게 하냐"라며 변화를 거부했다.

회사 입장에서 나는 회사가 나아갈 방향을 제시하는 차세대 리더로 지칭되는 바람직한 직원이었지만, 동료 입장에서 나는 자꾸 새로운 것을 하자며 피곤하게 구는 귀찮은 직원이었다. 동료들에게 미움받고 싶지 않았던 나는 인간적으로 다가가며 잘 보이려고 애썼다. 애처롭게 부탁도 해보고 애교도 떨면서 어르고 달랬다. 그래도 협조하지 않는 동료들이 꼭 있었다. 주변 사람들은 그렇게 일한다고 회사에서 월급을 더 주는 것도 아닌데 뭐 그리 피곤하게 사느냐고 한마디씩 했다. 좋은 게 좋다는 식으로는 어떠한 일도 추진할 수 없었다. 결국 나는 모나지 않고 둥글둥글한 좋은 동료이기를 포기해야 했다.

동료들이 '나를 싫어하면 어쩌지?'라고 걱정하던 중에 집어든 책이 있었다. 바로 《페페로니 전략》이다. 독일 함부르크 응용과학대학의 옌스 바이트너 Jens Weidner 교수는 끈기 있는 태도로 결과를 보여주면 비판적인 반응은 어느새 사라진다고 했다. 업무적인 갈등으로 생긴 미움은 결과가 좋으면 해소될 수 있다는 말이다. 회사는 우정을 쌓으려고 다니는 곳이 아니다. 일을 제대로 해낼 때 미움은 사라지고 우정과 신뢰가 생겨난다. 항상 여러 사람에게 두루 사랑받는 착한 직원이 되겠다고 한다면 도전적이고 혁신적으로 일하는 것을 포기하는 셈이다. 미움받는 상황이 온다는 것은 뒤집어 말하면 도전을 받아들였다는 뜻이다.

회사에서 절대 적을 만들어서는 안 된다며 몸을 사리는 상사 밑에서 일하는 부하직원은 무척 괴롭다. 미움받을 용기를 내보지 않고 윗사람에게 아부하며 승진을 거듭해온 상사는 직원들이 잘못을 해도 절대 지적하지 않는다. '이런 말하면 싫어하겠지'라며 인기를 잃을까 봐 상사로서의 직무를 유기한다. 그 결과 누군가는 해야 할 미움받는 역할은 고스란히 부하직원의 몫이 되어버린다. 미움 좀 받는 것이 두렵다면 대체 무슨 일을 하겠는가? 그 당시에는 좀 미워해도 지나고 나면 추억이 된다. 사람들의 존경을 받는 세계적인 리더 중 직원이나 주주들의 미움을 안 받아본 사람은 없다.

휴가 때 더 빛난다

당신은 "일이 바빠도 놀 건 다 놀아요"라고 웃으며 말하는 사람인가, 아니면 "일이 바빠서 놀 생각은 할 수도 없어요"라고 불평하며 자기 연민에 빠지는 사람인가? 일 잘한다고 인정받는 사람들은 남들보다 하는 일도 많으면서 여유로운 태도로 "바빠도 놀 건 다 놀아요~"라며 활짝 웃는다. 바쁘기 때문에 오히려 일정을 잘 관리한다. 미리 휴식을 위한 시간을 떼어놓는다. 휴가를 가더라도 업무에 지장이 없으니 상사도 휴가를 간다고 해서 눈치 주지 않는다. 이들은 휴가 전, 휴가 중, 휴가 후가 보통의 직장인과는 조금 다르다.

휴가 전

피치 못할 사정이 있는 경우를 제외하고는 갑작스럽게 휴가를 가지 않는다. 휴가 하루 전날 또는 당일 아침에 휴가 승인을 요청하는 일은 없다. 대개 한 달 전이나 1~2주 전에 휴가 승인을 받아 자신의 휴가 일정을 상사가 미리 예측할 수 있도록 한다.

휴가 기간 중 업무 인수인계는 휴가를 떠나기 전날이 아니라, 며칠 전부터 여유 있게 해둔다. 상사와 고객에게는 부재 기간 동안 누가 업무를 백업할 것인지 안내하며 안심을 준다. 급한 일이 있을 시 연락하라는 말도 잊지 않는다. 이렇게 말하는 사람일수록 업무를 깔끔하게 처리해서 최대한 연락할 일을 만들지 않으며, 실제로 연락할 일이 거의 없다.

휴가 중

휴가 중 한 번쯤 회사에 연락해서 별문제는 없는지 중간 점검을 한다. 일주일 전후의 장기 휴가 중에도 매일 30분 정도 짬을 내어 이메일을 확인하는 시간을 갖는다. 30분 내외의 짧은 시간을 투자해 이메일을 정기적으로 확인해두면 휴가를 마치고 업무에 복귀했을 때 밀린 업무를 처리하느라 고생하지 않아도 된다.

휴가 후

자신의 업무를 백업한 동료에게 감사 인사를 잊지 않는다. 상사와 고객에게도 업무 복귀를 알리고, 휴가 중 별문제는 없었는지 확인한다. 휴가 기간 중에 회사에 중간중간 연락도 하고, 이메일을 정기적으로 확인해둔 덕분에 휴가 후유증에 시달리지 않는다. 오히려 리프레시를 잘하고 돌아와 건강한 모습을 보여준다. 휴가 후유증으로 컨디션이 나쁜 모습을 보이거나, 아파서 병원에 가야 한다며 또 휴가를 내는 사람과는 참 대조적이다.

스펙보다 힘센
히든 스펙

스펙+스펙 vs. 스펙x히든 스펙

좋은 직업을 갖고 싶다면 남들과 차별화되는, 자신만의 희소가치라고 할 만한 커리어 자산이 있어야 한다. 그래서 우리는 스펙을 쌓는다. 이력서에 자신의 실력을 입증할 스펙을 가능한 한 많이 열거하려고 한다. 스펙은 자신의 실력을 보증하는 보증서나 다름없기 때문이다.

대학원 석사 과정을 마친 후 취업 준비 중인 한 페이스북 친구가 최근 이런 포스팅을 올렸다. '자격증 50개 취득을 목표로 오늘도 준비하는 중이다. :)' 나는 가슴이 턱 막혔다. 열심히 열정적으로 산다고 격려해주는 사람도 있겠지만, 자격증을 50개나 취득

할 필요가 있을지 의문이 들었다. 인생을 살아가는 데 그렇게나 많은 자격증은 필요하지 않다(물론 꼭 필요한 자격증은 갖춰야 한다). 스펙이 너무 잡다하면 기업에서는 그 사람의 전문성과 희소 가치가 무엇인지 알아차리기 어려워한다. 자기만족을 위해서라면 딱히 할 말은 없다. 그런데 이 세상에는 자격증 취득보다 흥미로운 일이 더 많지 않은가.

스펙 이야기가 나오면 사람들은 우리나라는 스펙을 너무 따져 문제라고들 한다. 사실 구직자로서 스펙을 쌓는 것은 어느 나라나 마찬가지다. 전문 직종에서 높은 연봉을 받고 싶다면 누구나 그에 걸맞은 스펙을 쌓아야 한다. 차이점이 있다면 일단 사용하는 단어가 다르다. 스펙 대신 자격이나 자질을 뜻하는 '퀄리피케이션qualification'을 사용한다. 스펙을 쌓는 목적도 다르다. 우리나라 직장인은 일단 많이 쌓고 보자는 마구잡이식이라면, 외국 직장인은 직무와 직책에서 요구하는 실질적인 스펙에 자신의 개성을 드러내는 식이다. 즉, 업무에서 요구하는 이외의 스펙을 쌓는 이유가 단지 '있으면 좋을 것 같아서', '나중을 위해서'가 아니라, 자신을 즐겁고 행복하게 하는 취미와 관련이 있다.

스펙이 별로 중요하지 않다는 말이 아니다. 스펙은 중요하다. 그러나 스펙이 전부는 아니다. 스펙은 그 일을 할 수 있는 기본 자질을 갖췄는지 살펴보는 기준일 뿐 스펙순으로 채용하는 회사는 없다. 고스펙을 넘어 초스펙자가 넘치는 요즘, 회사가 제시하는 커트라인을 통과했다면 스펙에서의 변별력은 없다. 실제로 인사 담당자나 상사들이 하나같이 하는 말이 있다. "솔직히 스펙 별로 안 보거든요." 나도 이런 말을 하는 사람 중 한 명인데, 이 말의 숨겨진 의도를 알아차릴 수 있어야 한다.

스펙, 출신, 나이를 안 본다는 페이스북코리아의 채용 과정을 예로 들어보자. 링크드인에 게시된 페이스북코리아의 채용 정보를 보면 해당 직무에 지원하는 사람이 갖춰야 하는 스펙이 명시되어 있다. 물론 스펙 대신 퀄리피케이션이란 용어로 말이다. 굉장히 구체적이고 실질적으로 최소한의 자질Minimum Qualification과 선호하는 자질Preferred Qualification을 설명하고 있다. 직원 한 명을 채용하는 데 후보자별로 면접을 수차례 보는 까닭에 채용에 소요되는 기간이 3개월에서 1년 가까이 걸린다고 한다. 왜 이렇게 공들여 면접을 보는 것일까? 지원자의 스펙 이면에 숨은 히든 스펙을 보고 싶어서가 아닐까?

그렇다. 보면 볼수록 같이 일하고 싶은 인간적 매력이 있는 사람인지, 협업해서 시너지 효과를 만들어낼 수 있는 사람인지, 상사나 동료와 잘 조화를 이룰 수 있는 사람인지 알아내고 싶은 것이다. 그런데도 스펙에 스펙을 계속 더하며 스펙의 개수에 집착하는 사람이 많다. 직장생활을 하다 인간관계 문제로 퇴사했으면서 구직하기 위해 또다시 스펙 쌓기에 열을 올린다. 같이 일할 때 불편한 사람이 되지 않도록 눈에 거슬리는 미운털을 제거하는 일이 더 절실한데 말이다.

스펙이 덧셈이라면 히든 스펙은 곱셈의 계산법을 따른다. 이것이 클루지 같은 사람들이 모여 일하는 세상에서 통하는 계산법이다. 논리보다 감정에 약한 클루지들의 본성을 이해한다면 왜 인간적 맥락을 쌓아야 하는지, 왜 별것 아니라고 여기는 사소한 것들을 그냥 넘겨서는 안 되는지, 왜 작은 것으로 크게 어필하는 사바를 실행해야 하는지 알 것이다. 화려한 스펙으로 성공을 거둔 사람이 갖춘 스펙을 똑같이 쌓았는데도 성공하지 못하는 이유는 그 사람이 가진 히든 스펙을 보지 못해서다. 스펙은 히든 스펙이 있을 때 제대로 빛난다는 점을 깨달았으면 좋겠다. 스펙은 중요하다. 히든 스펙은 더 중요하다. 커리어의 변수는 히든 스펙에 달려 있다.

스펙 + 스펙 + ⋯ = 고스펙 보유자

스펙 × 히든 스펙 ⋯ = 커리어의 지름길을 내는 사람

영어로 일만 하는 직원 vs. 영어로 실적 내는 직원

외국계 기업에 다닌다고 하면 사람들은 하나같이 말한다. "영어 잘하시겠네요." 영어를 잘한다는 기준이 뭘까? 애매모호하다. 토익 점수가 좋고, 영어 발음이 좋고, 프리 토킹이 가능하고, 영어로 이메일을 자유자재로 쓰고, 외국인 앞에서 쫄지 않고 의사소통을 막힘없이 하면 영어를 잘하는 것일까?

영어를 잘하면 분명 취업에 도움이 된다. 취업 후 일하는 데 있어서도 외국어 스트레스는 상대적으로 덜 받는다. 하지만 영어를 잘하는 것과 영어로 일을 잘하는 것은 별개다. 회사에서 필요로 하는 사람은 단순히 영어로 일을 열심히 하는 사람이 아니라, 영어로 실적을 내는 사람이다. 영어로 유창하게 말을 잘하는 사람이 아니라, 영어로 소통을 잘하는 사람이다. 한 가지 쉬운 예를 들어보겠다.

영국인 남편과 마트에 갔을 때의 일이다. 내가 물건을 고르는 동안 남편은 주스를 사러 갔다. 주스 코너 쪽에 이르자 마침 두 경쟁 업체가 복도를 사이에 두고 이벤트 활동을 펼치고 있었다. 왼쪽 테이블의 젊은 판매원이 유창한 영어로 남편에게 주스 시음을 권하며, 할인 이벤트에 대해 설명했다. 남편이 주스를 시음하는 동안 영국 어디에서 어학연수를 했고, 어느 지역에 가봤다는 등 자연스럽게 프리 토킹 실력을 뽐냈다. 지나가던 사람들은 그녀의 유창한 영어에 흠칫 놀라 쳐다봤다. 그녀의 표정은 자신감이 넘쳐흘렀다. 어느새 주스는 잊고 영어 대화 삼매경에 빠졌다. 시음을 마친 남편이 주스 진열대로 향하려는 찰나 오른쪽 테이블의 아주머니 판매원이 조심스럽게 남편에게 말을 건넸다.

아주머니 판매원 (사뭇 긴장된 표정으로 남편을 향해) 오렌지 주스~

남편 (아주머니 판매원을 쳐다보며 미소 짓는다.)

아주머니 판매원 (종이컵에 담긴 주스를 건네며) 원 플러스 원. 100퍼센트! 오렌지 주스~

남편 (종이컵을 받으며) 감사합니다.

아주머니 판매원 (남편이 시음하는 동안 한 번 더 강조하며) 100퍼센트! 오렌지 주스~ 원 플러스 원!

시음을 마친 남편은 주스 진열대로 향했다. 브랜드, 오렌지 함량, 가격을 꼼꼼히 살피던 남편은 파워풀한 메시지를 전달한 아주머니 판매원에게 가서 주스를 샀다. 영어 실력으로 치자면 경쟁 업체의 젊은 판매원이 말을 훨씬 잘했는데 말이다. 남편이 아주머니 판매원을 선택한 까닭은 외국인 고객에게 자신의 제품을 홍보하기 위해 영어로 어떻게든 소통하며 최선을 다하는 모습에서 인간적 정을 느꼈기 때문이다. 한마디로 남편의 인간적 본성을 자극했다.

시음하는 그 짧은 시간 동안 아주머니 판매원의 말, 행동, 표정은 인간적 맥락을 형성하며 남편의 마음속에 호감의 길을 냈다. 좋은 조건을 따져 손해를 보지 않고 사려는 고객으로서의 본능을 누르고, '이왕 사는 거 저분에게 사야지'라는 마음이 절로 들게 한 것이다. 몇십 억짜리 비즈니스 협상 과정에서도 인간적 본성을 자극하며 인간적으로 어필하는 것은 매우 효과적이다.

젊은 판매원은 어학연수를 다녀온 보람이 있게 영어로 고객과 대화를 잘 나누며 일했고, 아주머니 판매원은 짧은 영어로 실적을 올렸다. 실제 직장 내 업무에서도 이런 상황을 자주 목격한다. 네이티브 저리 가라 하는 영어 발음으로 긴 전화 통화를 마친 직원에게 "되냐, 안 되냐" 결과를 물으면 "안 된답니다"라는 대답이 돌아온다. 그 유창한 영어로 고객을 설득해야 하는데, 회사의 입장을 전달하는 통역사처럼 영어로 일만 한 탓이다.

그런가 하면 영어 발음은 토종이고, 문법도 군데군데 틀리며, 쉬운 단어를 사용하는데도 회사에서 원하는 결과를 가져오는 직원이 있다. 외국 지사의 동료나 바이어들은 이 직원이 하는 말을 용케도 알아들을 뿐 아니라, 무엇보다 이 직원을 좋아한다. 부족한 영어를 인간적 맥락으로 보완한 것이다. 이런 직원들은 경력이 쌓일수록 영어 실력이 향상된다. 입사 후 시간이 지날수록 영어 실력이 퇴보하는 직원들과 참 대조적이다.

영어를 특별한 것으로 여기는 사람이 의외로 많다. 영어는 "나 영어 좀 하는 사람이야"를 뽐내기 위한 과시의 언어가 아니다. 언어가 다른 나라 사람들이 서로가 하는 말을 이해하기 위해 공용어로 사용하는 소통의 언어이자, 영어가 필요할 때 불편함 없이 업무를 수행해서 실적을 내려고 사용하는 도구의 언어다. 회사가 원하는 인재는 뛰어난 영어 실력으로 말만 잘하는 직원이 아니라, 좋은 결과를 이끌어내며 실적을 올리는 직원이다.

한국어가 모국어인 사람들끼리 서로 말이 안 통해 일하기 힘들다는 경우가 얼마나 많은가? 과연 한국어 실력의 문제일까? 업무적 맥락을 파악하지 못하거나, 인간적으로 서로 싫어서 이해하려고 들지 않기 때문이다. 영어도 크게 다를 바 없다. 겨우 커트라인을 통과한 영어 실력으로 취업했더라도 자신감을 가져라. 취업 이후 영어 점수 자체는 별 의미가 없다. 중요한 것은 영어로 언어가 다른 사람들과 효율적으로 소통할 수 있는 역량을 갖췄는가에 있다. 국제회의 통역사이자 대통령 5인의 정상회담 통역사로 알려진 한국외국어대학교 최정화 교수는 말보다 말을 통해 전달되는 감정이 더 결정적이라면서 유창한 백 마디 말보다 좀 어설퍼도 진심을 담는 것이 중요하다고 했다.

영어로 제아무리 말을 잘해도 인간적으로 그 사람과 대화하고 싶지 않다면 우리는 마음을 닫고 그 사람이 하는 말을 들으려고 하지 않는다. 하지만 인간적으로 호감을 느낀다면 그 사람의 영어 실력이 부족해도 마음을 열고 들어준다. 하고 싶은 말이 이런 뜻이 맞느냐며 소통하려고 노력한다. 이러한 인간적 본성의 힘을 잊지 말자.

TIP 커리어의 지름길로 가는 영어 비법 5

1. 직급이 올라갈수록 외국 동료, 상사, 바이어와 전화로 회의를 하는 콘퍼런스 콜이 많아진다. 전화 영어에 익숙해질 수 있도록 미리 훈련하라. 전화로 하는 영어 소통은 대면해서 하는 영어 소통과는 또 다르다. 영어만 잘한다고 다가 아니다. 평소

전화 소통 스킬 역시 중요하다.

2. 문법에 너무 연연하지 마라. 중요한 것은 해야 할 말, 즉 메시지를 전달하는 것이다. 문법 좀 틀린다고 소통에 큰 지장을 주지 않는다. 맥락상 무슨 말을 하려는 것인지 대강 짐작할 수 있기 때문에 문법이 완벽하지 않아도 얼마든지 소통할 수 있다. 영어를 모국어로 사용하는 원어민이라고 해서 문법이 모두 완벽한 것은 아니다.

3. 모르면서 아는 척, 다 이해한 척하지 마라. 무슨 말인지 도무지 모르겠으면 부끄러워하지 말고 무슨 뜻이냐고 곧장 질문하라. 그러면 잘 이해할 수 있도록 차근차근 설명해줄 것이다. 상대의 말을 제대로 이해하지 못했다면 주저하지 말고 다시 한 번 이야기해달라고 하라. "Sorry?", "Pardon?"이라고 하면 된다. 다 이해한 것처럼 "Yes", "Yeah"라고 넘어가다 나중에 대답을 똑바로 못 하면 되레 이상한 사람으로 취급받는다.

4. '영어를 잘해야 해!'에서 '영어로 어떻게든 소통을 해보겠어!'라고 마음가짐을 바꾸고 자신감을 가져라. 부족한 영어 실력이어도 자신감만 잃지 않으면 영어 실력이 놀랍도록 점차 향상된다. 자신감이 있으면 영어로 소통할 기회가 많아지고, 소통할 기회가 많아지면 자신감이 더 생기고, 자신감이 더 생기면 원어민이 하는 말을 듣고 따라 해볼 마음의 여유가 생기면서 선순환이 이루어진다.

5. 비즈니스에서 영어는 원하는 결과를 얻기 위해 사용하는 글로벌 소통의 언어임을 잊지 마라. 회사에서 원하는 결과물을 가져오지 못하면 그 영어는 무용지물이다. 영어 잘한다고 뻐기지 말고 업무에 필요한 실질적인 성과를 내라.

붉은 여왕의 트랙을 내려서라

하버드 경영대학원의 하워드 스티븐슨Howard Stevenson 명예교

수는 제자들에게 경주마처럼 정해진 트랙을 도는 삶이 아니라, 야생마처럼 넓은 들판을 거침없이 질주하는 삶을 살라고 조언한다. 경주마는 단순히 목표 지점만을 향해 달리는 데 반해, 야생마는 목표 지점을 향해 달리면서 끊임없이 생각하기 때문이다. 야생마는 주변을 이리저리 둘러보며 때에 따라 천천히 달리면서 자신의 속도를 조절할 줄 안다. 경주마는 달리기 위해 생각을 멈추지만, 야생마는 생각하기 위해 달리기를 멈춘다.

취업이 인생의 목표인 것처럼 어렸을 때부터 스펙 쌓기에 열중해온 우리는 정해진 트랙을 도는 경주마처럼 살고 있는 것 같다. 그 스펙의 트랙은 계속해서 새로운 스펙을 쌓으라고 유혹하고, 쌓아야만 뒤처지지 않는다고 겁을 준다. 그러다 서른 즈음이 되면 '내가 이러려고 취업했나?', '이 쓸잘머리 없는 스펙은 대체 왜 쌓은 거지?'라며 회의감을 느끼기 시작한다. 마치 루이스 캐럴의 동화 《거울나라의 앨리스》에서 앨리스가 붉은 여왕을 손을 잡고 정신없이 달리는 장면을 보는 듯하다.

앨리스는 자기가 어쩌다 붉은 여왕의 손을 잡게 되었는지, 어디로 가는지 모른다. 그저 "빨리! 더 빨리!"를 외치는 붉은 여왕의 재촉에 그의 손을 잡고 무작정 달릴 뿐이다. 한참을 달리다 더 이상 숨이 차서 달릴 수 없을 때 붉은 여왕의 손을 놓는 앨리스는 그제야 주변을 둘러본다. 그렇게 열심히 달렸건만 계속 같은 자리만 빙빙 돌고 있었다는 사실에 허탈함을 감추지 못한다. 그런 앨리스에게 붉은 여왕은 말한다. 같은 장소에 머물지 않으려면 최소한 두 배는 더 빨리 달려야 한다고.

우리는 스펙을 쌓으려고 열심히 학원에 다니며 공부하는 모습을 열정적으로 인생을 사는 모습으로 착각하는 경향이 있다. 붉은 여왕의 말마따나 남들보다 앞서가려면 두 배는 더 빨리, 더 열심히 달려야 한다고 스스로를 다그친다. 스펙을 쌓다 보면 공부도 하고, 자격증도 갖게 되고, 취업에도 도움이 되니 일석삼조라며 자기 합리화도 한다.

스펙을 쌓는 것과 끊임없이 공부하며 자기계발을 하는 것은 엄연히 다르다. 같은 영어 공부를 하더라도 그 동기와 목표가 다르기 때문이다. 영어를 스펙으로 접근하는 사람의 동기는 취업이고, 목표는 고득점 획득이다. 자기계발로 접근하는 사람의 동기는 언어에 대한 흥미이고, 목표는 영어로 외국인들과 원활하게 의사소통하는 것이다. 취업 자체가 목적이라면 스펙으로 접근하는 사람이 전략적으로 유리하다. 그러나 인생을 살아가는 데 필요한 직업적 관점에서 본다면 자기답게 살기 위한 자기계발이 더 유용하다.

취업에 성공해야 한다는 목표로 인해 우리는 정작 중요한 것들에 대해 생각하기를 멈춘다. "나는 뭘 할 때 즐거워하지?", "나는 어떤 사람들과 일할 때 행복하지?", "내가 원하는 삶을 위해 매월 드는 최소 생활비는?", "내가 원하는 삶을 살기 위해 나는 무엇부터 해야 하지?"와 같은 본질적이고 현실적인 질문은 쏙 빼놓고 "그 회사는 어떤 스펙을 원하지?", "연봉은 얼마지?", "그 회사의 복지 조건은?", "어떤 스펙을 갖춰야 승진 가산점을 받을 수 있지?"와 같은 비본질적인 질문만 던진다. 그러고는 회사가 자기와 맞지 않는다며 취업과 퇴사를 반복하고, 그 불안한 마음을 달래기 위해 또다시 스펙 쌓기에 열중한다.

어느 순간 '이렇게 사는 것은 아닌 것 같다', '나는 뭘 위해 사는 거지?'라는 회의감이 꿈틀대고 올라오면 그제야 자신과 자신의 인생을 생각해보기 위해 달리기를 멈춘다. 그리고 스펙이 커리어의 지름길이 되어주리라는 믿음, 취업만 하면 다 될 줄 알았던 바람과는 전혀 다른 현실에서 당혹감을 느낀다. 스펙의 트랙을 돌다 스펙의 트랩에 발목을 잡힌 꼴이다.

어느새 서른, 자기가 누구인지 알지도 못한 채 마흔, 3년차 직장 고민은 그렇게 30년째 인생 고민이 된다. 끊임없이 추가 스펙을 쌓고, 그 스펙을 갱신하느라 정작 같이 일하고 싶은 사람이 되는 데 필요한 히든 스펙을 놓치지 않았으면 좋겠다. 이제 붉은 여왕의 트랙을 내려서라.

커리어의 지름길은 사람의 마음속에 내라

지름길로 가고 싶어 하는 것은 인간의 본성이다. 심지어 집 앞 마트에 가면서도, 전철을 갈아타면서도 지름길을 찾는다. 커리어에서 초고속 합격, 초고속 승진을 원하는 것은 당연지사다. 말로는 '성공에(인생에) 지름길은 없다', '돌아가는 것이 지름길이다'라고 하면서도 '어디 지름길이 없나?' 하며 기웃거리는 것이 우리 인간이다. 지름길로 가고자 하는 인간의 노력은 끝이 없다. 지피지기면 백전백승이라며 더 많은 전문적 지식, 정보, 기술을 습득하느라 시간, 돈, 노력을 쏟아붓는다. 정작 같이 일하는 사람들에 대해서는 무심하면서 말이다.

우리는 연애의 대상이나 중요한 고객이 아닌 이상 사람에 대해서는 별로 알려고 하지 않는다. 같이 시간을 보낼 기회가 왔는데도 그 사람에 대해 집중하기보다 각자의 휴대폰을 보느라 여념이 없다. 도움을 받고도 감사 인사를 할 줄 모른다. 무심코 내뱉은 말 한마디나 사소한 행동으로 감정을 상하게 해놓고 대수롭지 않게 여긴다. 그런 사소한 것으로 마음이 상한 사람에게 오히려 속이 좁다고 핀잔하기 일쑤다. 인간의 본성을 이해하려고 들지 않는다.

인공지능 시대라며 떠들썩한 요즘, 아이러니하게도 가장 인간적인 것이 강조되고 있다. 인간의 사소한 감정을 다루는 영역, 즉 타인과 협력하여 문제를 해결하고, 감정을 조절하며, 효율적으로 의사소통을 해나가는 사람이 앞으로 대접을 받는다고 한다. 이는 우리가 왜 커리어를 일 관점이 아닌 인간의 본성 관점에서 접근해야 하는지, 작은 것으로 크게 어필하는 사바하기를 실천하는 것이 왜 중요한지, 스펙보다 히든 스펙이 왜 더 힘센 스펙인지 깨닫게 해준다. 실제로 직장에서 인정받는 사람을 자세히 관찰해보면 대단한 것을 한 방에 잘한다기보다 사소한 말과 행동으로 깨알 같은 호감과 신뢰를 쌓는다. 일은 다 잘해놓고 하찮은 것으로 신뢰를 잃어 싫은 소리를 듣는 사람과는 참 대조적이다.

《혼자 이기지 마라》의 저자 윌리엄 유리William Ury는 좋아하는 사람과의 사이에서 언짢은 일이 생기면 상황을 탓하지만, 좋아하지 않는 사람과의 사이에서 언짢은 일이 생기면 사람을 탓한다고 했다. 우리가 커리어의 지름길을 사람의 마음속에 내야 하는 이유와 일맥상통한다. 당신에 대해 누군가 '그 사람과 같이 일하고 싶다', '그 사람과 함께라면 아무리 힘들어도 잘해낼 수 있을 거야'라는 생각을 하게 만드는 것, 그것이 바로 사람들의 마음속에 내는 커리어의 지름길이다.

히든 스펙
히든 트레이닝

사바 수첩을 쓴다

벤저민 프랭클린Benjamin Franklin은 실천 덕목 열세 가지(절약,
절제, 침묵, 질서, 결단, 근면, 진실, 정의, 중용, 청결, 평정, 순결, 겸손)를
정해놓고 매일 자신의 행동을 다이어리에 기록하며 좋은 습관을
만들기 위해 노력했다고 한다.《성공하는 사람들의 7가지 습관》
의 저자인 스티븐 코비Stephen Covey는 프랭클린의 기록하는 습관
을 바탕으로 직장인이라면 한 번쯤 들어보았을 프랭클린 다이어
리를 디자인했다. '경영학의 아버지'라 불리는 피터 드러커도 수
첩에 기대 성과를 적어두고 몇 개월 뒤 실제 성과와 기대 성과를
비교했다. 그는 수첩에 적은 내용을 통해 자신의 강점과 약점을

찾아내어 끊임없이 스스로를 성장시켰다고 한다. 우리도 프랭클린이나 드러커처럼 수첩에 적는 습관으로 자신의 행동을 되돌아보며 강점을 만들어갈 수 있다.

작은 것으로 크게 어필하는 사바를 실행하기 위해 사바 수첩을 써보자. 사바 수첩은 사소한 말이나 행동을 적는 노트다. 예를 들어 별것도 아닌 사소한 말이나 행동에 대해 누군가 칭찬이나 감사의 말을 해줬다면 그것을 적어라. 그냥 별것 아니라고 가볍게 듣고 넘겨서는 안 된다. 늘 듣는 말일지라도 별것 아니라고 생각해온 것, 이제까지 몰랐던 것이 당신의 장점이자 강점이 될 수 있다. 칭찬을 들으면 남들에게 자랑하고 싶어 안달하는 사람이 있다. 보기에 좋지 않을뿐더러 너무 가벼워 보인다. 무엇보다 자기 자랑을 일삼는 모습을 좋아하는 사람은 없다. 그러니 자랑하고 싶다면 사바 수첩에 적어두어라.

다른 사람의 사소한 친절이나 배려에 감동해서 칭찬의 말을 했다면, 말로 표현하지 않았어도 속으로 감명을 받았다면, 어떤 사소한 것으로 누군가에 대한 인식이 개선되었다면 그 말과 행동이 무엇이었는지 사바 수첩에 적어두어라. 제3자의 관점에서 관찰한 것도 마찬가지다. 누가 먼저 말을 걸어주어 좋았다면 적어라. 누가 다른 사람에게 문을 열어주는 모습을 보고 참 매너 있다고 느꼈다면 적어라. 아주 사소한 것이라도 좋다. 사실 사소하면 사소할수록 더 좋다. 남들이 미처 보지 못한 사바의 영역을 개척할 수 있으니 말이다.

사바 수첩에 나와 타인이 행한 말과 행동을 그때그때 또는 그날그날 적어두지 않으면, 바쁜 일상 속에서 일에 치이고 사람에 치여 사소한 것들을 기억해내지 못하고 그냥 지나친다. 사소한 말과 행동으로 하루 종일 기분이 좋고, 자신감을 느끼고, 일하는 보람을 느끼고서도 누가 끄집어내주기 전까지는 기억 속에 묻어두고 산다. 사바 수첩에 적은 내용을 살펴보면 그 사소함과 예리한 관찰력에 놀랄 것이다. 별것 아닌 것에 감동하고 감사하는 것이 인간임을 알게 될 것이다. 별것 아닌 사소한 것이 인간관계에서 '별것'임을 비로소 깨닫게 될 것이다.

사바 수첩에 꾸준히 적다 보면 사람을 보는 안목이 좋아지고, 디테일에 강해진다. 자신도 몰랐던 본인의 장점과 강점을 반추하면서 자신이 생각보다 더 괜찮은 사람임을 알게 되어 자존감도 높아진다. 무엇보다 인간적 맥락에서의 호감이 업무적 맥락으로 자연스럽게 이어짐을 경험하면서 직장생활이 한결 더 수월해지고 즐거워진다.

사바 수첩에는 작은 것으로 크게 어필한 사바와 더불어 사부

(SABU, Small Act Big Upset)를 적는 공간도 마련한다. 작은 것으로 크게 언짢게 만드는 말이나 행동을 적는 것이다. 사바의 반대 개념이라고 보면 된다. 사바 수첩을 반대로 돌리면 사부 수첩이 된다.

누군가의 사소한 말 한마디나 배려 없는 행동에 기분이 나빴다면, 짜증이 몹시 나서 어떤 사람이 싫어졌다면 괜히 다른 사람을 붙잡고 뒷담화하지 말고 이 수첩에 적어두어라. 나도 모르게 실수로 튀어나온 말이나 행동도 그냥 가벼운 실수로 어물쩍 넘기지 말고 적어라. 누군가 나 때문에 서운했다고 말해줬다면 그 일에 대해 적어라. 사소한 행동으로 누군가 기분이 안 좋아지는 장면을 목격했다면 그것도 적어라.

　뭐 그런 것까지 일일이 적느냐고, 너무 쪼잔한 것 아니냐고 할지 모르겠다. 하지만 사부 수첩에 적다 보면 기분이 나빴던 것들을 가슴에 찜찜하게 묻어두지 않을 수 있다. 나중에 그 내용을 보면 너무 유치하고 쪼잔하고 찌질해서 타인에게 보여주기 민망할 것이다. 그런 사소한 것에 연연해하는 것은 당신뿐만 아니다. 우리 모두 그렇다. 이것이 인간의 본성이다.

　수첩에 자신의 사부보다 타인의 사부가 훨씬 큰 비중을 차지한다는 사람이 많다. 나도 마찬가지다. 사실 이것이 우리가 사부 수첩을 적는 가장 큰 이유다. 우리 인간은 자신의 단점을 보는 데 굉장히 취약하기 때문이다. 열린 마음으로 단점을 지적해달라고 부탁해도 사람들은 솔직하게 선뜻 말해주지 않는다. 상대가 불쾌해하거나 상처받으면 어쩌나 하는 걱정에 괜스레 마음이 불편해지는 탓이다.

　그냥 잊고 지나쳐도 될 사소한 일을 적음으로써 누군가의 나쁜 점을 더 떠올리는 것이 아니냐는 우려도 있다. 인간은 아무리 사소한 일이어도 그냥 잊고 지나치는 법이 없다. 비슷한 상황이 발생하면 본능적으로 그 일을 떠올리며 그간 숨겨온 부정적인 감정을 드러내고, "내가 지금껏 아무한테도 말 안 했는데" 하며 험담을 늘어놓는다. 그러나 사부 수첩에 부정적인 감정을 그때그때 글로 분출하면 타인에 대한 미움을 마음속에 담지 않게 된다. 쓸데없는 험담으로 자기 얼굴에 침 뱉기를 하지 않는다. 결과적으로 스트레스가 줄어드는 긍정적인 효과가 있다.

사부 수첩을 쓰면 관점의 변화를 경험하게 된다. 사람을 미워하는 관점에서 언짢게 만드는 말이나 행동에 주목하는 관점으로 바뀌면서 생각과 태도에도 변화가 찾아온다. '어떻게 사람이 그럴 수 있어'에 머물던 생각이 '저렇게 말하면(행동하면) 상처를 주는구나'로 한 단계 나아가고 '혹시 나는 저런 적이 없었나?'라고 되돌아보며 '나는 저러지 말아야지' 하고 자신의 말과 행동에 신중해진다.

인간관계에서 그간 자신도 몰랐던 미운털도 보게끔 해준다. 누군가를 미워하거나 싫어할 때 그 이유가 별것 아니었음을 알게 된다. 누군가 자꾸 밉상짓을 하면 '왜 저래?'가 아니라 '저 사람은 자신이 지금 사부를 하고 있음을 모르는구나'라고 생각하게 될 것이다. '눈에는 눈, 이에는 이'라며 사부를 사부로 받아치면서 똑같은 장단에 춤추지 않을 것이다. 사부 수첩에 적혀 있는 구체적인 말과 행동은 나의 어떤 미운털을 뽑아야 하고, 어떤 미운털을 심으면 안 되는지 알려주는 기준을 제시할 것이다.

사부 수첩에 적힌 내용을 역으로 돌려서 사바로 만들어보자. 사부가 사바가 되도록 노력하는 과정에서 한층 더 성숙한 사람, 매너 있고 배려심 깊은 사람, 보면 볼수록 매력적인 사람으로 변해가는 모습을 스스로 발견할 것이다.

TIP 사바/사부 수첩 활용하는 법

- 핸드백이나 재킷 주머니 등에 휴대하기 좋게 작은 크기의 무지 수첩을 준비한다.
- 수첩 앞면 커버에 SABA라 크게 쓰고, 한 면에 하나씩 사바를 적는다.
- 수첩을 뒤집어 뒷면 커버에 SABU라 크게 쓰고, 한 면에 하나씩 사부를 적는다.
- 수첩을 다 쓰고 나면 한쪽에는 사바, 다른 한쪽에는 사부 내용이 담긴다.
- 수첩에 적은 내용을 살펴보며 스스로를 되돌아본다.
- 주변 사람들이나 가족에게 사바 수첩을 쓰자고 권한다. "난

이 말 한마디에 하루 종일 기분이 좋더라", "별생각 없이 하는 이런 행동이 불쾌할 수 있더라" 하면서 사바와 사부를 한두 개씩 소개하는 시간을 갖는다. 서로를 이해할 수 있을 뿐만 아니라, 공감 능력 향상에 도움이 된다.

싫어하는 딱 한 가지를 하지 않는다

미혼 여자 두 명과 싱글 생활을 정리하고 얼마 전 결혼한 여자 한 명이 저녁 식사를 하며, 결혼에 대한 이야기를 나누고 있었다. 미혼 여자 두 명은 연애를 해도 결혼까지는 안 가게 된다고 토로했다. 이유는 "다른 건 다 좋은데, 딱 한 가지 마음에 들지 않는 점이 있어서"였다. 결혼한 여자에게 어떻게 결혼을 결심하게 되었는지 물었다. "다른 건 모르겠는데, 딱 한 가지가 좋아서"라는 대답이 돌아왔다. 남편은 그녀가 싫어하는 딱 한 가지를 안 하는 사람이었다.

채용할 때, 승진시킬 때, 좋은 기회를 누구에게 줄지 결정할 때도 마찬가지 현상을 보게 된다. "다 좋은데 그거 하나가 걸려"라고 한다면 좋은 결과는 기대하기 어렵다고 봐도 무방하다. "다른 건 몰라도 그거 하나는 마음에 들어"라고 한다면 의외로 좋은 결과가 나온다. 실제로 직장에서 이런 일은 비일비재하다. 당신이 어떤 조직의 팀장이라고 가정해보자. 마음에 쏙 드는 아홉 가지 장점과 거슬리는 한 가지 단점이 있는 직원과 마음에 쏙 들지는 않아도 거슬리는 딱 한 가지를 하지 않는 직원 중에 누구를 선택할 것인가?

남들보다 뛰어난 장점이 많은 사람을 더 선호할 것 같지만, 거슬리는 단점 하나로 인해 수많은 장점을 포기하는 경우가 허다하다. 인간은 그렇게 합리적인 존재가 아니기 때문이다. 따라서 열 가지 모두를 잘해서 어필하려고 하기보다 정말 싫어하는 딱 한 가지를 하지 않는 편이 더 효과적이다. 모든 것이 완벽해도 싫어하는 딱 한 가지로 인해 오만 정이 떨어진다고 하는 인간의 본성을 이해한다면 작은 노력으로 크게 얻을 수 있는 길이 보인다.

이럴 때 사부 수첩에 적힌 내용은 큰 도움이 된다. 같이 생활하는 사람들이 어떤 상황에서 언짢아하는지 관찰해둔 기록을 살펴보자(그런 정보가 없다면 보편적으로 사람들이 싫어하는 말이나 행동을 참고한다). 이렇게 훈련하다 보면 그동안 키워온 미운털은 없어지고, 생길 뻔한 미운털은 애초에 뿌리도 못 내린다.

사소한 반복을 즐긴다

"이직하려고요."

"왜?"

"맨날 같은 일만 반복하는 것이 싫어서요."

같은 일을 하면서도 "맨날 똑같은 일의 반복"이라고 말하는 직원이 있는가 하면 "매일매일이 스펙터클하다"라고 말하는 직원이 있다. 분명히 똑같은 업무를 담당하고 있는데, 그 상황을 다르게 받아들이는 이유는 무엇일까?

똑같은 일의 반복이라고 말하는 직원은 일을 '일' 관점으로 보기 때문에 금세 지루해한다. 매일 출근해서 그저 똑같은 일을 반복한다고만 생각한다. 반면에 매일매일이 스펙터클하다고 말하는 직원은 일을 '사람' 관점으로 보기 때문에 지루할 틈이 없다. 같은 일을 하는데도 사람에 따라 일이 쉽게 풀리기도 하고, 꼬이기도 하는 상황에서 재미를 찾아낸다. 그 결과 일을 즐기게 되고, 그 일에 능숙해진다. 일이 능숙해지면 다른 것에도 신경을 쓸 여유가 생긴다. 일로 연결된 사람들을 통해 통찰력을 얻고, 인간관계를 확장해나가며, 그 일에 대한 전문가로서 자신의 평판을 다진다.

성공한 사람들은 하나같이 사소한 일을 반복해서 연습하고, 꾸준히 노력하며, 지루한 시간을 묵묵히 견뎌냈다는 공통점이 있다. 사소한 반복을 즐기지 못한다면 성공은 없다고 해도 과언이 아니다. 좋은 습관을 만들기로 결심했다고 해서 좋은 습관이 뚝딱 생기지 않는다. 반복을 통해 자기 것으로 만들어야 한다. 운동을 하더라도 잘 해내려면 호흡과 준비 운동을 반복해야 한다. 심지어 인공지능 바둑 프로그램 알파고도 실력을 향상하기 위해 바둑 대국을 계속 반복했다고 한다.

사소한 일의 반복이 큰 차이를 만들어낸다. 작은 것으로 크게 어필하는 사바도 결국 반복을 통해 자신의 것이 된다. 좋은 사바는 반복하고, 자기도 모르게 반복하고 있는 사부는 뿌리를 뽑자.

타이밍을 잘 잡는다

인생은 타이밍이란 말이 있다. 사랑도 결혼도 취업도 타이밍 아닌 것이 없다. 작은 것으로 크게 어필하려면, 적게 일하고도 크게 인정받고 싶다면 타이밍을 알아차리는 능력은 절대적으로 중요하다. 사바 수첩을 쓰는 습관을 들이고, 평소에 사바하기를 반복하는 것도 일종의 타이밍 훈련이다. 이 훈련을 통해 디테일에 강해지고, 관찰력과 센스가 길러지며, 최적의 타이밍을 직감적으로 알아차리는 촉이 좋아진다.

커리어의 성공과 인간관계에서도 타이밍은 굉장히 중요하다. 아무리 모든 것을 완벽하게 갖췄어도 타이밍을 놓치면 말짱 도루묵이 된다. 때에 맞는 말 한마디나 적절한 도움으로 높게 평가받고 귀염을 받는 직원이 있는가 하면, 타이밍을 잘못 잡아 다 잘해놓고도 좋은 소리 못 듣는 직원이 우리 주위에는 꼭 있지 않은가.

타이밍은 때가 되면 알아서 찾아오는 손님이 아니다. 타이밍은 관리하는 것이다. 그러려면 제때가 언제인지를 아는 분별력, 제때를 알아보고 타이밍을 활용하는 기술, 즉 순발력과 실행력이 필요하다. 스펙도 좋고 참 똑똑한데 이런 역량이 부족하거나, 인간적·상황적 맥락에 대한 이해가 부족하면 타이밍을 잡는 데 애를 먹는다. 상대방의 입장에서 조금만 생각해보면 타이밍을 잘 잡을 수 있다.

사람들은 타이밍은 중요한 순간에 잘 잡아야 하는 것이라고 생각한다. 하지만 상사에게 휴가 승인서를 제출하는 일, 감사 인사나 사과 인사를 하는 일 등 타이밍이 중요한 순간은 매일 우리 주변에 있다. 평소에 타이밍을 잘 잡는 연습을 해두자.

휴가 승인서 결재 요청

아침에 출근하자마자 휴가 승인서를 들고 상사를 찾아가면 생산성 좋은 아침에 일은 안 하고 놀 생각만 하는 사람으로 비칠 수 있다. 그렇다고 상사가 퇴근하려고 할 때 결재해달라고 붙잡아서도 안 된다. 센스 없다는 소리를 듣기 십상이다. 상사가 자리에 없을 때는 기다렸다가 상사가 자리에 오면 그때 얼굴을 마주하며 결재를 올린다. 상사가 책상 위에 결재판을 올려놓으라고 한 경우를 제외하고는 상사의 책상 위에 결재판을 올려두지 않는다. 상사가 자리에 없을 때 상사의 책상 근처에 가봤자 좋은 일은 없다.

＊ 언제가 좋을까?
점심 식사 후 배도 부르고, 본격적인 오후 업무가 시작되기 전인 오후 1~2시가 안전하다. 오후 2시 이후부터는 상사가 회의나 미팅, 외근으로 부재중일 가능성이 커 만나기 어려울 수도 있다.

감사/사과 인사

시간이 한참 지난 다음에 인사를 하면 '이제 와서?'라며 속으로 패씸해할지도 모른다. 인사하면서도 좋은 소리 못 듣는 격이다. 그래도 아예 안 하는 것보다 낫다.

* 언제가 좋을까?

즉시! 즉시 못했다면 가능한 한 빨리!

이런
사소한 것도
커리어에
영향을 미칠까?

1. 물 한 잔

인간관계에서 물 한 잔은 그냥 물 한 잔이 아니다. 물 한 잔으로 인심뿐 아니라 그 사람의 됨됨이, 판단력, 배려, 센스, 리더십 스타일까지 가늠하게 된다. 예를 들어 밥을 먹다 상사나 동료가 사래에 걸려 기침할 때 그냥 멀뚱히 쳐다보면서 말로만 괜찮으냐고 묻는 직원이 있는가 하면, 상대방이 당황하지 않도록 얼른 물 한 잔을 건네며 괜찮으냐고 따뜻하게 챙겨주는 직원이 있다. 점심 식사를 하러 가서 아랫사람이 수저를 놓으면 물을 따르는 상사가 있는가 하면, 아랫사람이 수저를 놓고 물까지 따르는 것을 당연하다는 듯이 지켜만 보는 상사도 있다. 여기서 상사의 리더십 스타일이 은연중에 묻어난다.

한여름에 감기에 걸려 기침이 멎지 않자 직원이 얼른 물을 떠온다. 여름이면 당연히 냉수 한 잔을 떠오기 마련인데, 물이 두 잔이다. "감기 걸리신 것 같아서 미지근한 물도 같이 가져왔어요." 이 모습에서 '일도 참 야무지게 잘하겠구나'라는 생각이 절로 든다. 물 한 잔은 의외로 많은 것을 알려주는 단서가 된다.

2. 신문과 우편물 챙기기

규모가 작은 회사는 비서가 따로 없다. 회사로 오는 신문과 우편물을 챙기는 일을 누군가 도맡아야 하는데, 대개 막내 직원의 몫이다. 출근하면서 우편함에서 우편물을 챙겨 사무실에 가는 것이 어려운 일은 아니지만, 귀찮은 일임은 분명하다. 그럴 때는 생각을 달리해보자. 신문과 우편물을 직접 전달하는 일은 직급 높은 사람들과 친분을 쌓을 절호의 기회다.

신문과 우편물 챙기는 일처럼 하찮아 보이는 일 뒤에 숨겨진 가치를 아는 사람은 이 업무를 프로페셔널답게 해낸다. 마치 전문 비서가 된 듯 자발적으로 일찍 출근한다. 상사가 오전 업무 시작 전에 신문을 읽을 수 있도록 배려하기 위함이다. 각종 우편물은 수신자를 확인하고 분류하여 기분 좋게 전달해준다. 우편물을 전달하면서 직장 내 사람들과 자연스럽게 친해진다. 말단 사원이라 직급 높은 상사에게 보고할 일은 없는데, 우편물 전달을 통해 자신의 존재감과 성실함을 어필할 명분을 얻는 셈이다. 영리한 직원은 우편물 챙기는 업무를 하찮게 보는 것이 아니라, 윗사람들과 거리감을 좁히는 호기로 활용한다. 심지어 휴가를 갈 때도 다른 사람들이 불편하지 않도록 인수인계를 확실히 해둔다.

반면에 사소한 일을 만만하게 보는 사람은 이 업무를 대충 처리한다. 신문과 우편물을 챙기는 하찮은 일을 해야 한다는 사실이 은근히 불만이다. 남들은 중요한 일을 하는 데 반해, 자신은 가치 없는 일은 하는 것 같아 자존심이 상한다. 이런 일을 할 사람이 아니라는 듯이 자기가 편한 시간에 출근한다. 지각이나 안 하면 다행이다. 신문과 우편물을 상사 책상 위에 모조리 올려놓거나, 알아서 찾아가라며 사무실 테이블 한 편에 올려둔다. 휴가를 갈 때도 인수인계는 까맣게 잊기 일쑤다. 하찮은 일이라고 여기고 있으므로 인수인계를 할 생각조차 못 한다.

일상에서 우리는 아주 사소한 일이 평소처럼 진행되지 않을 때 불편함과 짜증을 더 크게 느낀다. 열 가지를 잘하고도 사소한 한 가지 때문에 좋은 소리를 못 듣는 일도 이럴 때 생긴다. "이런 사소한 일 하나도 제대로 못하는데, 중요한 일은 제대로 하겠어?"

3. 이메일 끝인사 '수고하세요'

'수고하세요'는 버스나 택시에서 내릴 때, 가게에서 물건을 사고 나올 때 우리도 모르게 입에서 나오는 대표적인 인사말이다. '수고하세요'는 윗사람이 아랫사람에게 사용하는 말이건만 이메일 끝인사도 '수고하세요'로 마무리하는 경우를 종종 본다. 아랫사람이 윗사람에게 '수고'라는 말을 사용할 때는 각별한 주의가 필요하다. '수고하세요'가 아니라 '수고 많으셨습니다'라고 해야 제대로 된 높임말이다. 무엇보다 '수고하세요'는 이메일 끝인사로 어울리지 않는다.

이메일 끝인사로 전 세계인이 보편적으로 사용하는 예의 바른 한 마디가 있다. '감사합니다.' 이 말로 마무리한 후 그 아래 자신의 이름을 쓰자. 이름 뒤에 '드림'이라는 두 글자도 잊지 말자. 끝인사와 이름은 잘 쓰고도 드림이라는 두 글자가 생략되면 비즈니스 매너가 없다는 인상을 받는다. 이름 뒤에 적는 드림은 상대에 대한 존중이다. 이메일 끝인사 하나로 자신의 이미지를 깎아내리지 말자.

4. 앞뒤 다 자르고 궁금한 것만 질문하기

앞뒤 맥락 없이 자기가 궁금한 것만 뜬금없이 질문해올 때 사람들은 답답함과 더불어 매너 없는 그 태도에 짜증을 느낀다. 전후 맥락이나 배경에 대한 설명 없이 "이게 뭐예요?", "이거 어떻게 해요?"라며 자신이 궁금한 것만 다짜고짜 묻고 답을 내놓으라는 식의 태도에 황당할 뿐이다. 사회 초년생 시절에 이런 식으로 소통하는 습관을 고치지 못하면 윗사람이 되어서도 이런 식으로 소통해서 아랫사람을 힘들게 한다.

주어나 목적어를 생략하고 말하거나, 말끝을 흐리는 사람도 있다. 뭘 물어야 하는지 정확히 정리가 되지 않아서, 그 답답함을 혼자 정리하기 싫어서 상사나 동료를 붙잡고 하소연한다. 이런 부류의 사람들과 같이 일하면 시간 낭비가 심하다. 스무고개 하듯 인내심을 가지고 대화에 임해야 하기 때문이다. 이렇게 소통하는 것은 민폐다. 조직의 업무 생산성을 저해한다. 이런 시간 도둑 직원과 일하고 싶어 하는 사람은 아무도 없다.

질문할 때는 상대방이 상황을 이해할 수 있도록 간략한 설명이 필요하다. 드라마에서 지난 이야기를 보여주는 것과 같은 맥락이다. 그러고 나서 자신이 궁금한 부분을 묻자. 우선 그에 앞서 할 일이 있다. 상대방에게 질문해도 되는지 허락부터 구한다. 직장에서 많은 사람이 훅 하고 일방적으로 질문을 던지며 남의 업무 시간을 방해하고, 자기가 궁금한 것에 대한 답을 얻으면 "알겠다"라며 고맙다는 인사도 없이 사라진다. 괜찮은 사람이라 여기고 있다가도 질문하는 방식과 태도에 실망을 금치 못한다.

5. 기프티콘 보내기

직장에서 아주 친한 경우가 아닌 이상 선물이나 생일 카드를 개인적으로 주지는 않는다. 그런데 상사나 동료의 생일날 만 원 미만으로도 감동을 전할 수 있다. 생일날 무뚝뚝해 보이던 앞자리 동료가 조용히 카톡으로 커피 기프티콘 선물을 보내줬을 때 그를 다시 보게 된다. 카톡이나 문자 메시지로 받는 몇 천 원짜리

기프티콘에도 큰 감동을 느낀다. 손글씨로 쓴 생일 카드 한 장도 마찬가지다. 나를 생각해줬다는 그 마음이 고마워서다.

직장에서는 소소한 것을 챙겨줄 때 마음의 부담은 줄고, 감동은 더 커진다. 평소 별로 친하지 않은 사이인데 기프티콘을 보내려니 이상하다고? 그럴수록 효과는 더 크다. 의외의 사람이 주는 선물, 특별한 날도 아닌데 받는 뜻밖의 선물은 사소할수록 더 고맙다. 인간적 정이 쌓이는 것은 덤이다.

6. 외근이나 야근 시 택시 이용

"외근을 갈 때마다 택시를 타는 직원에 대해 어떻게 생각하세요?"라는 질문을 종종 받는다. 비용을 승인할 때 올라오는 택시 영수증을 보면 그 직원을 다시 보게 된다는 것이다. 밤늦은 시간에 퇴근하는 사람을 위해 택시비를 지원하는 규정을 악용하는 직원도 있다. 예를 들어 밤 11시 이후 퇴근 시 택시비를 회사에서 내주는 경우 굳이 11시까지 야근할 필요 없는데 SNS를 하며 시간을 끌다가 밤 11시가 되면 바로 택시를 타고 퇴근하는 직원, 그것도 모자라 일반 택시는 밤에 타기 무섭다며 모범택시를 고집하는 직원이 그렇다. 쪼잔해 보일까 봐 상사가 별말 없이 비용 승인을 하니 계속 그래도 되는 줄 안다.

반면에 밤 11시가 넘어서 퇴근하면서도 버스나 전철이 운행하는 시간이라며 대중교통을 이용하는 직원도 있다. 택시는 꼭 필요할 때만 탄다. 회삿돈도 자기 돈처럼 아껴 쓰는 것이다. 대중교통을 이용하고 푼돈 좀 아꼈다는 이유로 상사가 대놓고 칭찬하지는 않는다. 하지만 상사는 속으로 그 직원의 됨됨이를 재평가한다. 뭐든 믿고 맡겨도 될 사람이라는 믿음을 갖기 시작한다. 신뢰할 만한 사람인지 아닌지는 회삿돈을 어떻게 쓰는지 보면 알 수 있기 때문이다. 회삿돈이니까 부담 없이 펑펑 쓰는 사람은 아무리 일을 잘해도 신뢰의 벽을 넘지 못한다. 얼마 안 되는 비용 영수증 하나에서 신뢰도에 대한 평가는 조용히 이루어진다.

7. 그냥 지나가듯 한 말

그냥 지나가듯 한 말을 누군가 기억하고 배려해줄 때 우리는 감동한다. 잣 알레르기가 있다고 했던 말을 잊지 않고 기억했다가 식당에서 꼼꼼히 챙겨주는 직원을 보면 그 자상한 배려에 감탄한다. 어떤 일을 맡겨도, 어떤 중요한 고객을 맡겨도 세심하게 잘 챙길 것 같다는 깊은 인상을 받는다. 꽃을 좋아한다고 지나가듯 했던 말을 기억하고 "꽃 좋아한다고 하셨죠? 출근길에 꽃을 팔더라고요. 생각나서 샀어요"라며 소박한 꽃묶음을 내미는 직원에게 감동하지 않을 상사는 없다. 먹을 것 사주는 사람은 흔해도 꽃 사주는 사람은 귀한지라 꽃 한 송이에도 마음이 몽글몽글해진다. 직원이 꽃 선물을 해줬다며 두고두고 자랑한다.

점심시간 대화 중에 지나치듯 했던 말을 잊지 않고 "오늘 가족 모임 있다고 하지 않았나? 급하게 처리할 일 있으면 나에게 알려주고 얼른 퇴근해요"라고 마음 써주는 상사의 한마디는 그야말로 감동이다. 지나가듯 한 말을 포착해서 인간적 매력을 은은하게 내뿜는다. 보면 볼수록 매력적인 사람의 특징이다.

8. 업무와는 무관한 사적인 질문

남의 사생활을 궁금해하는 직장 동료나 상사는 어느 회사에나 꼭 있다. 이들은 대뜸 이런 질문을 던진다. "애인이 있냐 없냐. (애인이 없으면) 왜 아직도 없냐. (헤어졌다고 하면) 왜 헤어졌나. (애인이 있으면) 몇 살이냐, 무슨 일 하냐. 결혼은 언제 할 거냐. (결혼했으면) 애는 몇이나 낳을 거냐. (자녀 계획이 없다고 하면) 왜 안 낳느냐. 퇴근 후에는 뭐하냐." 친한 사이가 아니라면 실례가 될 법할 질문을 아무렇지도 않게 끝도 없이 해댄다. 질문하는 입장에서는 악의 없는 순수한 인간적 관심의 표현이라지만, 질문받는 입장에서는 '왜 이런 걸 묻는 거지?'라는 생각이 들면서 불편할 수 있다. 대화를 나누다 자연스럽게 사적인 내용으로 흘러가는 것도 아니고, 본인이 자발적으로 말하지도 않는데 취조하듯 사생활을 캐묻는 것은 무례하다.

"주말 잘 보냈냐"는 말은 적당한 관심의 표현인 데 반해, "주말에 뭐했냐"는 질문은 사생활을 속속들이 알고 싶어 하는 간섭처럼 비칠 수 있다. 사적인 이야기를 나누고 싶은 상대라고 여긴다면 굳이 캐묻지 않아도 자연스럽게 자신의 사생활을 언급할 것이다. 직장에서 사생활에 대해 얼마큼 공유할 것인지는 본인의 선택이다. 대답할 때 불편함을 느끼는 사적인 질문은 하지 말자.

관심과 오지랖의 경계에서 균형을 잘 잡는 사람은 대면 관계 기술이 뛰어나고, 사람들에게 존중을 받는다. 직급이 높고, 나이가 많다고 자동으로 존중을 받는 것은 아니다. 사적인 질문을 아무 생각 없이 막 던지고, 이것저것 다 궁금해하다가는 실속 없이 가볍기만 한 사람이라는 꼬리표가 따라붙기 십상이다.

9. 연차 휴가 사유는 왜?

연차 휴가를 내면 휴가 사유가 무엇인지 묻는 상사가 있다. 노동법에 의거하여 회사에서 부여한 정당한 휴가를 업무에 지장을 주지 않으면서 쓰겠다는데, 휴가를 내고 무엇을 할지 대체 왜 묻는 것일까? 상사가 정작 궁금해야 할 질문이라면 이런 것이 아닐까? 휴가 기간 동안 누가 업무 백업을 할 것인가? 휴가 기간 동안 상사의 도움이 필요한 부분이 있는가?

상사에게 휴가 사유를 뭐라고 둘러댈지 고민하기보다 이 두 가지 질문에 대해 미리 생각해둬라. 상사가 휴가 사유에만 관심이 있다면 그보다 더 중요한 휴가 중 업무 백업 플랜으로 화제를 자연스럽게 돌려 상사보다 한 수 위인 직원의 모습을 보여줘라.

직원을 존중하는 회사는 휴가 신청 승인서에 휴가 사유를 기재하는 란이 없다. 직원을 신뢰하는 상사는 휴가 사유를 캐묻지 않는다. 회사와 상사가 얼마큼 직원을 존중하고 신뢰하는지는 휴가 승인 과정만 봐도 알 수 있다. 신뢰할 만한 직원인지 아닌지도 휴가를 보내 보면 알게 된다.

10. 먼저 연락하기

'별로 친하지도 않은데 먼저 연락했다가 어색하면 어떡하지?', '너무 오랜만에 연락하는데 나를 과연 기억할까?', '내 전화나 문자를 무시하는 거 아니야?' 이런 생각으로 사람들은 먼저 연락하기를 주저한다. 정말 별것 아니지만 누군가 나를 기억하고 먼저 연락해줄 때 단순한 안부 인사만으로도 사람은 고마움을 느낀다. 갑자기 연락했는데도 반갑게 맞아주는 사람에게 우리는 인간적인 호감을 갖는다.

하지만 모두가 이렇게 긍정적인 것은 아니다. 왜 연락했냐는 시큰둥한 반응으로 뻘쭘하게 만들거나, 부재중 전화 또는 문자 메시지를 받고도 그냥 무시한다. 우리는 이럴 때 그 사람의 됨됨이를 다시 보게 된다. 인간관계를 지속할 사람인지 아닌지 결정할 수 있는, 그 사람의 진정성을 알아볼 수 있는 절호의 기회다. 먼저 연락하기를 두려워하지 마라.

적게 일하고
크게 어필하고
싶을 때 읽는 책

초판 1쇄 발행 2018년 8월 30일
초판 2쇄 발행 2021년 7월 10일

지은이 김희양
펴낸이 이지은
펴낸곳 팜파스
책임편집 임소연
디자인 어나더페이퍼
마케팅 김민경, 김서희
인쇄 케이피알커뮤니케이션

출판등록 2002년 12월 30일 제10-2536호
주소 서울특별시 마포구 어울마당로5길 18 팜파스빌딩 2층
대표전화 02-335-3681 팩스 02-335-3743
홈페이지 www.pampasbook.com | blog.naver.com/pampasbook
페이스북 www.facebook.com/pampasbook2018
인스타그램 www.instagram.com/pampasbook
이메일 pampas@pampasbook.com

값 13,000원
ISBN 979-11-7026-217-6 (03320)
ⓒ 2018, 김희양

이 도서의 국립중앙도서관 출판예정도서목록(CIP)은 서지정보유통지원시스템 홈페이지(http://seoji.nl.go.kr)와 국가자료공동목록시스템(http://www.nl.go.kr/kolisnet)에서 이용하실 수 있습니다.(CIP제어번호: CIP2018024642)